Purr P. Miauzer

# Meow

## The Biography of a Cat's Life in a Single Word

## PRETTY INK

We create our books with lots of love and care.

But mistakes can always happen. If there are any issues with your book such as faulty bindings or printing errors please contact the platform you bought it from to get a replacement.

---

If you enjoyed this book,
please don't forget to **leave a review on Amazon**.
Just a simple review will help us out a lot.

Thanks!



DESIGNED by PRETTY INK

Meow - The Biography of a Cat's Life in a Single Word

Jl. Balai Subak No.1, ID - 80351 Bali

# Dear Human,

If you're wondering why you're holding this book, let me make one thing clear: it's not for you. Not at all. This masterpiece of feline language is written exclusively for your furry housemates. You're just the translator, the narrator – or, let's face it, the human in charge of snacks and belly rubs.

But if you're thinking of impressing your feline overlord by reading this book aloud, good luck. Be warned, though: a mispronunciation of "Meow" or "Mrrr" could result in hours of frosty silence or, worse, an indignant flick of the tail.

Now go on, open the first page and read with dedication: Meow by Meow, Mrrr by Mrrr. Maybe – just maybe – you'll earn an approving blink.

Best of luck,

**Purr P. Miauzer**

# Meow Meow,

Meow meow meow. Meow mrrr-meow. Meow, meow Meow mrr-mrr. Meow meow meow. Meow, meow. Meowuu. Meow meow Mrr, meow Meowuu meow. Meow meow mrr-mrr Meow meow, Meow meow meow. Meow, meow. Meow meow meow. Meow, meow. Meow meow. Meow meow meow. Meow. Mrrr.

Meowuu, Meow meow, Meowuuu meow. Mrrr... meow. Meow, meow. Meow meow! Mrrr, Mrrrr-meow Meow meow meow. Meow Meow meow meow. Meow meooow mrr-mrr. Meow meow mrr, meow Meow. Meow? Meowuu. Meow meow! Meow meooow meow, Meow mrr meow.

Meowuuu meow Meow meow. Meow mrrr meooow Mrrr. Meow mrrr-meow. Meow meow meow. Meow mrrr-meow. Meow, meow. Meow, Meow meow meow. Meow mrrr meow.

Meow meowu,

**Purr P. Miauzer**

# Meow

# Meow 1: Meow meow

Meow meow meeeow. "Meow? Meeeow." Meow. "MEOOOW!" Meow meeeow. "Meow? Meeeow." Meow. Meow, meow. Mrrrr-meow. Mrrr... meeeow. Meow meow meeeow. Mrrr... meeeow. Meow mrrr meeeow. "Meow meow!" Meow meeeow. Meow meow meeeow. Mrrrr-meow. Meow mrrr-meow. "MEOOOW!" meow Meow.

"Meow meow!" meow Meeeowu mrr-mrr. Mrrr... meeeow. Mrrr... meeeow. Meow, meow. "Meow? Meeeow." Meow meeeow. Mrrrr-meow. "Meow meow!" Mrrr. Meow meow meeeow. Mrrr... meeeow. Meow mrrr-meow. Meow, meow. Meeeowu meow. Mrrr... meeeow. Mrrr... meeeow. Meow mrrr meeeow. Mrrrr-meow. "Meow meow!" Meow. Mrrr... meeeow. "MEOOOW!" Mrrr. Meow meow meeeow. Mrrrr-meow. "Meow meow!" Meow meeeow. Meow mrrr meeeow. Meeeowu meow. Meow, meow. "MEOOOW!" Meow. Meow, meow. Mrrrr-meow. Meow mrrr-meow. Meow meow meeeow. Mrrrr-meow. Meow, meow. "MEOOOW!" Meow meeeow. "Meow meow!" Meow meeeow. Meeeowu meow. "Meow meow!" Meow meeeow. Meow meow meeeow. Meow mrrr-meow. "MEOOOW!" Meow. Meow mrrr-meow. Meow meow meeeow. Meow meow meeeow. Mrrrr-meow. "Meow meow!" Meow.

Meow meow meeeow.

"MEOOOW!" Meow. Meeeowu meow. Meow, meow. Meeeowu meow. Meow, meow. Meeeowu meow. Mrrrr-meow. "MEOOOW!" Meow meeeow. Meow meow meeeow.

Meow mrrr meeeow. Meow mrrr meeeow. Meeeowu meow. "Meow meow!" Meow meeeow. "Meow meow!" Meow. "Meow? Meeeow." Mrrr. "Meow meow!" Meow meeeow. "Meow? Meeeow." Mrrr. Meow, meow. Meow mrrr-meow. Meeeowu meow. Meow meow meeeow. Meow mrrr meeeow. "Meow? Meeeow." Mrrr. "Meow meow!" Mrrr. "MEOOOW!" Mrrr. Meeeowu meow. Mrrr... meeeow. Mrrrr-meow. "MEOOOW!"

Meow meeeow. Meow meow meeeow. Meow meow meeeow.

Meow mrrr-meow. Meeeowu meow. "MEOOOW!" Mrrr. Mrrrr-meow. "Meow meow!" Meow meeeow. Meow meow meeeow. "Meow? Meeeow." Meow meeeow. Meow, meow. "Meow? Meeeow." Meow. Meow, meow. Meow, meow. "MEOOOW!" Meow meeeow. "Meow meow!" Meow meeeow. Meeeowu meow. Mrrrr-meow. Mrrr... meeeow. Mrrr... meeeow. Meow, meow. Mrrr... meeeow. Mrrrr-meow. Meeeowu meow.

"MEOOOW!" Meow meeeow. "MEOOOW!" Meow meeeow. Meow meow meeeow. Meeeowu meow.

Mrrr... meeeow. Mrrrr-meow. "Meow meow!" Meow meeeow. Mrrrr-meow. "Meow meow!" Mrrr. Mrrr... meeeow. Meow mrrr-meow. Meow mrrr-meow. Meow, meow. "Meow? Meeeow." Meow meeeow. "Meow? Meeeow." Mrrr. Meow, meow. Mrrrr-meow. "Meow? Meeeow." Mrrr. Meow, meow. Mrrr... meeeow. Meeeowu meow.

Meeeowu meow. Meow, meow. Mrrr... meeeow. Meow, meow. Mrrrr-meow.

"Meow? Meeeow." Meow. Meow mrrr meeeow. Meow mrrr-meow. "Meow meow!" Meow meeeow. "MEOOOW!" Meow. Meow mrrr-meow. "Meow? Meeeow." Mrrr. Meow meow meeeow. Mrrrr-meow. Meeeowu meow. Meow meow meeeow. "Meow? Meeeow." Mrrr. Meow meow meeeow. Meow mrrr meeeow. "Meow meow!" Mrrr. Meow meow meeeow. Meeeowu meow. Meow meow meeeow. "Meow? Meeeow." Mrrr. Mrrrr-meow. Mrrrr-meow. "MEOOOW!" Meow meeeow. Meow, meow. Meow meow meeeow. "MEOOOW!" Meow meeeow. Mrrrr-meow. Meeeowu meow. Meow, meow. "Meow meow!" Mrrr. "Meow meow!" Meow meeeow.

"MEOOOW!" Mrrr. "Meow meow!" Mrrr. Mrrr... meeeow. Meow mrrr-meow. "Meow meow!" Mrrr. Mrrr... meeeow. Meow meow meeeow. "MEOOOW!" Meow. "MEOOOW!" Meow meeeow. Meow,

meow. Meow mrrr meeeow. “Meow? Meeeow.” Meow meeeow. Meow mrrr meeeow. “Meow? Meeeow.” Mrrr. “Meow? Meeeow.” Mrrr. Meow, meow. “Meow meow!” Meow meeeow. “MEOOOW!” Meow meeeow. Meow mrrr meeeow. “MEOOOW!” Mrrr. “Meow meow!” Meow meeeow. Meow mrrr meeeow. Meow mrrr meeeow. Meow mrrr meeeow. Meow, meow. Meow mrrr meeeow. Meow meow meeeow. “MEOOOW!” Mrrr.

Meow, meow. Meow mrrr-meow. “Meow? Meeeow.” Mrrr. Meow mrrr-meow. “Meow? Meeeow.” Meow.

Meow, meow. Mrrr... meeeow. “MEOOOW!” Meow. Meow, meow. Meow meow meeeow. Meow meow meeeow. Meow meow meeeow. Meeeowu meow. “Meow? Meeeow.” Mrrr. Meow meow meeeow. “MEOOOW!” Meow. Mrrr... meeeow. Meow, meow. Meow meow meeeow. Mrrrr-meow. Meow mrrr meeeow. “MEOOOW!” Meow meeeow. Meow mrrr-meow. “Meow meow!” Mrrr. Meow, meow. Mrrr... meeeow. Meeeowu meow. Meow mrrr-meow. “Meow meow!” Meow. “Meow meow!” Meow meeeow. Mrrr... meeeow. Meow mrrr meeeow. Meow meow meeeow. “Meow meow!” Mrrr. “Meow? Meeeow.” Meow. “Meow meow!” Meow meeeow. Meow mrrr meeeow.

“Meow? Meeeow.” Mrrr. Meow meow meeeow. Mrrrr-meow. Mrrr... meeeow. “Meow meow!” Meow. Meow mrrr meeeow. “Meow meow!” Meow meeeow. Meow meow meeeow. Meow mrrr meeeow. Meow mrrr-meow.

Meow, meow. Meow meow meeeow. “Meow? Meeeow.” Meow. Mrrr... meeeow. “Meow meow!” Meow. Meow, meow. “MEOOOW!” Mrrr. “MEOOOW!” Mrrr. “Meow? Meeeow.” Meow. “MEOOOW!” Mrrr. Meow meow meeeow. Meow mrrr meeeow. “Meow? Meeeow.” Meow meeeow. “Meow? Meeeow.” Meow meeeow.

Meow mrrr meeeow. “MEOOOW!” Meow meeeow. Mrrrr-meow. Mrrr... meeeow. “Meow? Meeeow.” Mrrr. “Meow? Meeeow.” Meow meeeow. Meow meow meeeow. “MEOOOW!” Meow. “Meow? Meeeow.”

Meow meeeow. Meow mrrr meeeow. "Meow? Meeeow." Meow meeeow. "Meow meow!" Meow meeeow. Mrrrr-meow. Meow, meow. Meow mrrr meeeow. Meow mrrr meeeow. Meow mrrr meeeow. Meeeowu meow. Meeeowu meow. "MEOOOW!" Meow. "MEOOOW!" Meow meeeow. "Meow meow!" Meow meeeow. "MEOOOW!" Meow meeeow. Mrrrr-meow.

Mrrr... meeeow. "Meow meow!" Meow. "Meow meow!" Mrrr. Meow, meow. "Meow meow!" Meow meeeow. Meow mrrr-meow. Meow, meow. Meow mrrr-meow. "Meow meow!" Mrrr. Meow meow meeeow. Meow mrrr meeeow. Meow mrrr meeeow. Meow mrrr meeeow. Mrrrr-meow. "MEOOOW!" Mrrr. "MEOOOW!" Mrrr. Mrrrr-meow. Meow meow meeeow. Meow mrrr meeeow. "Meow meow!" Mrrr. Meeeowu meow. Meow, meow. "Meow meow!" Meow meeeow. Meeeowu meow. "MEOOOW!" Meow meeeow.

Meow meow meeeow. "Meow meow!" Meow. "Meow? Meeeow." Meow meeeow. Meow mrrr meeeow. "Meow meow!" Meow.

Meow meow meeeow. "Meow meow!" Mrrr. Meow mrrr-meow. Meow mrrr meeeow. Meow, meow. Meow meow meeeow. Meow, meow. "Meow meow!" Meow meeeow. Meow meow meeeow. "Meow meow!" Meow. Mrrr... meeeow. Mrrr... meeeow. Meow mrrr meeeow. "Meow? Meeeow." Meow meeeow. Meeeowu meow. Mrrr... meeeow. Meow, meow. "Meow meow!" Mrrr. "MEOOOW!" Meow. "Meow meow!" Mrrr. Mrrrr-meow. Meow meow meeeow. "Meow meow!" Meow. Meow meow meeeow. "MEOOOW!" Meow. "Meow meow!" Meow meeeow. "Meow? Meeeow." Meow. Meow, meow. "Meow? Meeeow." Mrrr. "Meow meow!" Meow. "MEOOOW!" Meow meeeow. "Meow meow!" Meow. Meow, meow. Meeeowu meow. "Meow? Meeeow." Meow meeeow. Meow mrrr meeeow. "Meow meow!" Mrrr. Meow mrrr-meow. "Meow meow!" Mrrr. Meow meow meeeow. Mrrr... meeeow. Meow mrrr-meow. Meow, meow. Meow, meow. "Meow meow!" Mrrr. Meow mrrr meeeow.

"MEOOOW!" Meow. Meow meow meeeow. Mrrrr-meow.

"MEOOOW!" Meow meeeow. Meow meow meeeow.

"MEOOOW!" Mrrr. Meeeowu meow. "Meow meow!" Meow. Mrrrr-meow. Mrrrr-meow. "Meow? Meeeow." Mrrr. Mrrrr-meow. Mrrr... meeeow. Meow mrrr-meow. "Meow? Meeeow." Mrrr. Mrrr... meeeow. "Meow meow!" Meow meeeow. Meow mrrr meeeow. Meow, meow. Mrrrr-meow. Meeeowu meow. Meow, meow. Meow, meow. Mrrr... meeeow. Mrrr... meeeow. Mrrrr-meow. Meow mrrr-meow. Meow, meow. Meow mrrr meeeow. "MEOOOW!" Mrrr. "Meow meow!" Mrrr. Meow mrrr-meow. Meow mrrr meeeow. Meow mrrr-meow. Meeeowu meow. "Meow meow!" Meow meeeow. Meow mrrr-meow. "Meow? Meeeow." Meow. Meow mrrr meeeow. "MEOOOW!" Meow. Mrrr... meeeow.

Meow mrrr meeeow. Meow, meow. Meow mrrr meeeow. Mrrrr-meow. Meow, meow. "Meow? Meeeow." Mrrr. Meow meow meeeow. "Meow? Meeeow." Meow meeeow. "Meow meow!" Meow. Mrrr... meeeow. Meow mrrr meeeow. Meow mrrr meeeow. Meow mrrr-meow. "MEOOOW!" Mrrr. Meow mrrr-meow. Meow mrrr meeeow. "MEOOOW!" Meow meeeow. Meow, meow. "Meow? Meeeow." Meow meeeow. Meow, meow. "Meow? Meeeow." Mrrr. "Meow meow!" Meow. Mrrr... meeeow.

Meow meow meeeow. Mrrrr-meow. Meow, meow. Meow meeeow. Meeeowu meow. Meeeowu meow. Mrrr... meeeow. Mrrr... meeeow. Meow meeeow. Mrrrr-meow. Meeeowu meow. "Meow? Meeeow." Meow. Meow meeeow. Meow mrrr meeeow. "MEOOOW!" Meow. Mrrrr-meow. Meow mrrr meeeow. "Meow meow!" Mrrr. Meeeowu meow. Meow mrrr meeeow. "Meow? Meeeow." Meow. "Meow? Meeeow." Meow. "Meow meow!" Meow.

Mrrr... meeeow. "Meow? Meeeow." Meow meeeow. "MEOOOW!" Mrrr. Mrrrr-meow. Meow mrrr meeeow. "MEOOOW!" Meow. "Meow meow!" Meow meeeow. "Meow meow!" Meow. Meow, meow. Meow, meow.

Meow, meow. Mrrrr-meow. "Meow? Meeeow." Mrrr. Mrrr... meeeow.

Mrrrr-meow. "Meow? Meeeow." Meow meeeow. Meow mrrr-meow.

"Meow? Meeeow." Meow meeeow. "Meow meow!" Mrrr. Meow mrrr meeeow. Meeeowu meow.

"Meow? Meeeow." Meow meeeow. Meow mrrr-meow. Meow mrrr-meow. "Meow meow!" Meow meeeow. Meow meow meeeow. Meow, meow.

Meow mrrr-meow. Mrrrr-meow. "MEOOOW!" Meow meeeow. "Meow? Meeeow." Meow meeeow. Meow meow meeeow. Mrrr... meeeow. Meow mrrr-meow. Meeeowu meow. Meow mrrr-meow.

Meeeowu meow. "MEOOOW!" Meow. "MEOOOW!" Mrrr. Mrrr... meeeow. Meeeowu meow. Mrrr... meeeow. Meow mrrr-meow. "MEOOOW!" Meow.

Mrrrr-meow. "Meow meow!" Mrrr. Meow meow meeeow. "Meow? Meeeow." Meow. Meow, meow. Meow mrrr meeeow. Meow meow meeeow.

"Meow? Meeeow." Mrrr. Meow mrrr-meow. Meow meow meeeow. Meow mrrr-meow. Meow mrrr-meow. Meow mrrr-meow. "Meow? Meeeow." Meow. "Meow? Meeeow." Mrrr. Meow, meow. Meow meow meeeow.

Meeeowu meow. Mrrrr-meow. Meeeowu meow. "MEOOOW!" Mrrr. Meow mrrr meeeow. Meow mrrr meeeow. "Meow meow!" Mrrr. Meow, meow. "Meow meow!" Mrrr. Mrrrr-meow.

Mrrr... meeeow. Mrrrr-meow. Meow mrrr meeeow. "Meow meow!" Meow. Mrrr... meeeow. Meow mrrr-meow. Meow, meow. Mrrr... meeeow.

Meow meow meeeow. Meow mrrr-meow. "MEOOOW!" Mrrr. "Meow meow!" Meow meeeow. Meeeowu meow. Mrrrr-meow. "Meow?

Meeeow." Meow. Mrrrr-meow.

"Meow? Meeeow." Meow. Mrrr... meeeow. Meeeowu meow. Meow mrrr meeeow. "Meow meow!" Meow meeeow. "MEOOOW!" Mrrr.

"Meow meow!" Mrrr. Meow mrrr meeeow. "Meow? Meeeow." Meow. Meow mrrr-meow. "MEOOOW!" Mrrr.

Mrrrr-meow. "Meow meow!" Mrrr. Meeeowu meow. Meow mrrr meeeow. "Meow? Meeeow." Meow. Meow mrrr meeeow.

Meow meow meeeow. Meow mrrr-meow. "Meow? Meeeow." Meow. Mrrrr-meow. "Meow? Meeeow." Mrrr. Meow, meow. Mrrr... meeeow. Meeeowu meow.

"Meow meow!" Meow meeeow. "Meow? Meeeow." Mrrr. Mrrrr-meow. Meeeowu meow. Meow mrrr-meow. "Meow? Meeeow." Mrrr.

Meow, meow. "Meow? Meeeow." Meow. Meow, meow. Meow mrrr meeeow. Meow mrrr meeeow. Meeeowu meow. "MEOOOW!" Meow meeeow. "MEOOOW!" Mrrr. Mrrr... meeeow.

Meow, meow. Meow mrrr-meow. Meeeowu meow. Mrrr... meeeow. Meow mrrr meeeow. "Meow meow!" Meow meeeow. "MEOOOW!" Meow. Mrrrr-meow. Meow mrrr meeeow. Meow meow meeeow. Meow mrrr meeeow. Meeeowu meow. "MEOOOW!" Meow. "Meow? Meeeow." Mrrr. "Meow? Meeeow." Mrrr. Mrrr... meeeow. "Meow meow!" Meow meeeow. "Meow? Meeeow." Meow meeeow. "Meow? Meeeow." Meow.

Meow meow meeeow. Mrrrr-meow. "Meow meow!" Meow meeeow. Meow mrrr meeeow. Mrrrr-meow. "Meow meow!" Meow. Mrrrr-meow. Meow, meow.

Meow meow meeeow. Meow, meow. "Meow meow!" Meow meeeow. Meow meow meeeow. Meow, meow. Mrrr... meeeow. Meow mrrr meeeow. Meow mrrr-meow.

Meeeowu meow. "MEOOOW!" Meow. Meow mrrr meeeow. Meow mrrr meeeow. Mrrrr-meow.

"Meow? Meeeow." Meow. Meow mrrr meeeow. Meow meow meeeow. "Meow meow!" Mrrr. Meow, meow. "Meow meow!" Meow meeeow. Meeeowu meow. Meow meow meeeow. Meow, meow.

Meow mrrr meeeow. "Meow meow!" Meow. Meow meow meeeow. Meow mrrr meeeow. Meow, meow. Meeeowu meow. "Meow? Meeeow." Meow meeeow. Mrrr... meeeow. Meow mrrr-meow.

Meow, meow. Meeeowu meow. Meow mrrr meeeow. Meow mrrr meeeow. Meow mrrr-meow. Mrrrr-meow.

Meow mrrr meeeow. Meow meow meeeow. Meeeowu meow. "MEOOOW!" Meow meeeow. Meow, meow. Meow, meow. Meeeowu meow. Meow mrrr meeeow. Meow meow meeeow.

Meeeowu meow. Meeeowu meow. Meow mrrr-meow. Mrrr... meeeow. "Meow meow!" Meow meeeow. Meeeowu meow. Mrrrr-meow. Meow, meow.

Meow mrrr-meow. Mrrr... meeeow. Meow, meow. Meow meow meeeow. Meow mrrr-meow. Meow mrrr meeeow. Mrrrr-meow. Mrrrr-meow. Mrrrr-meow. Mrrr... meeeow.

Meow meow meeeow. Meow, meow. Meow meow meeeow. "MEOOOW!" Meow meeeow. Meow, meow.

"MEOOOW!" Mrrr. "MEOOOW!" Mrrr. Mrrr... meeeow. Meow mrrr-meow. Mrrr... meeeow. "Meow meow!" Mrrr. Meow, meow. Mrrr... meeeow. Meeeowu meow. Meow mrrr meeeow. "Meow? Meeeow." Meow. Mrrrr-meow. Mrrr... meeeow. "MEOOOW!" Mrrr.

Meow mrrr-meow. Meow mrrr meeeow. "Meow meow!" Meow meeeow. Meeeowu meow. Mrrrr-meow.

"Meow? Meeeow." Meow meeeow. Mrrrr-meow. "Meow? Meeeow." Mrrr. "MEOOOW!" Mrrr. "MEOOOW!" Meow meeeow. Meow, meow.

Meow meow meeeow. Mrrr… meeeow. Mrrrr-meow. Mrrr… meeeow. Meow mrrr-meow. Meow mrrr meeeow. "MEOOOW!" Meow meeeow. Mrrr… meeeow.

Meow mrrr-meow. "Meow? Meeeow." Mrrr. Meow meow meeeow. Mrrr… meeeow. Meow mrrr-meow. Meow mrrr meeeow. "Meow? Meeeow." Mrrr. "Meow meow!" Mrrr. "MEOOOW!" Mrrr. "Meow meow!" Meow.

Meow, meow. Meeeowu meow. Meow, meow. Meow, meow. Mrrr… meeeow. Mrrrr-meow. Mrrr… meeeow. "MEOOOW!" Meow. Meow mrrr-meow.

Meow mrrr meeeow. "MEOOOW!" Meow. "Meow meow!" Mrrr. "Meow? Meeeow." Meow meeeow. Meow meow meeeow. Meow, meow. Mrrr… meeeow. Meow, meow. Meow meow meeeow. "MEOOOW!" Mrrr.

"MEOOOW!" Mrrr. "Meow? Meeeow." Meow. Meeeowu meow. "MEOOOW!" Meow meeeow.

"MEOOOW!" Mrrr. Meow, meow. Meow, meow. Meow mrrr-meow. Meeeowu meow. "MEOOOW!" Meow. Mrrr… meeeow.

"Meow? Meeeow." Meow. "Meow? Meeeow." Meow meeeow. Meeeowu meow. "MEOOOW!" Meow meeeow. "MEOOOW!" Meow meeeow.

"MEOOOW!" Meow. "Meow? Meeeow." Meow. Mrrr… meeeow. Mrrr… meeeow. Meow meow meeeow. "MEOOOW!" Meow. Meeeowu meow. Meeeowu meow.

Meeeowu meow. Mrrrr-meow. Meow mrrr-meow. Mrrr... meeeow.

Meeeowu meow. "MEOOOW!" Mrrr. Meow mrrr-meow. "Meow meow!" Meow meeeow. Meow mrrr meeeow. Meow, meow. Meow, meow. "MEOOOW!" Meow meeeow. "Meow meow!" Meow. Meow mrrr meeeow.

Meow, meow. Meow mrrr-meow. "MEOOOW!" Mrrr. Mrrrr-meow. Meow mrrr-meow. Meow mrrr-meow. Meow, meow. "Meow meow!" Meow meeeow. "Meow? Meeeow." Meow. Mrrr... meeeow.

Meow, meow. Meeeowu meow. "Meow? Meeeow." Meow meeeow. Meow meow meeeow. Meeeowu meow. "MEOOOW!" Mrrr. "Meow? Meeeow." Meow meeeow. "Meow meow!" Meow. "Meow meow!" Mrrr.

"MEOOOW!" Meow. Mrrrr-meow. Mrrrr-meow. "Meow meow!" Meow meeeow. Meow meow meeeow. Meow mrrr-meow. "Meow meow!" Mrrr. "Meow meow!" Meow meeeow. Mrrr... meeeow.

"Meow? Meeeow." Meow. Meeeowu meow. "MEOOOW!" Meow. Meeeowu meow. "Meow meow!" Meow. Meow, meow. Meow mrrr meeeow. Meow meow meeeow. Meeeowu meow.

Meow mrrr-meow. "MEOOOW!" Mrrr. Meow mrrr-meow. Meow mrrr-meow. Mrrr... meeeow. Meeeowu meow. Meeeowu meow.

Meow mrrr meeeow. Mrrrr-meow. "Meow? Meeeow." Meow meeeow. Mrrrr-meow. Meow mrrr meeeow. Meow meow meeeow. "Meow meow!" Meow. Meow mrrr meeeow.

Meow mrrr meeeow. Meow mrrr-meow. Meow, meow. Meeeowu meow. "MEOOOW!" Meow meeeow. Mrrrr-meow. Meow meow meeeow. "Meow? Meeeow." Mrrr. "Meow? Meeeow." Meow.

Meeeowu meow. "Meow? Meeeow." Meow. Meeeowu meow. Mrrr... meeeow. Meeeowu meow. Meow meow meeeow. "Meow meow!" Meow. "Meow meow!" Mrrr. "Meow meow!" Mrrr. Mrrr... meeeow.

"Meow? Meeeow." Meow meeeow. "Meow? Meeeow." Meow. "Meow? Meeeow." Mrrr. "Meow meow!" Mrrr. Meow meow meeeow. Meow, meow. "Meow? Meeeow." Meow meeeow. Meow, meow.

"MEOOOW!" Mrrr. Meow mrrr meeeow. Meow meow meeeow. Meow mrrr-meow. Mrrr... meeeow. "MEOOOW!" Meow. Meeeowu meow.

Meow meow meeeow. Meow mrrr-meow. "MEOOOW!" Mrrr. Mrrrr-meow. Meow, meow. "MEOOOW!" Meow meeeow. Meow mrrr meeeow. Meow meow meeeow. "MEOOOW!" Mrrr. "Meow meow!" Mrrr.

"MEOOOW!" Meow. Meow mrrr meeeow. Mrrr... meeeow. Meow meow meeeow. Meow meow meeeow. Meeeowu meow. Meeeowu meow. "Meow meow!" Meow meeeow. Mrrr... meeeow. "Meow meow!" Meow.

Meow mrrr-meow. Meow, meow. Mrrrr-meow. Meow, meow. Meow mrrr meeeow. "Meow meow!" Meow. Meow, meow. Mrrrr-meow. Mrrr... meeeow.

Mrrrr-meow. Meow, meow. "Meow meow!" Meow. Mrrr... meeeow. "Meow? Meeeow." Mrrr. Meow meow meeeow. Meow, meow. Meeeowu meow.

Meow mrrr-meow. Mrrrr-meow. Meow, meow. Meow mrrr-meow. Meow mrrr meeeow. "MEOOOW!" Meow. "Meow meow!" Meow. "Meow? Meeeow." Mrrr. Meow mrrr-meow.

Meeeowu meow. Mrrr... meeeow. "MEOOOW!" Mrrr. Mrrr... meeeow.

Meow, meow. "Meow meow!" Meow. "Meow meow!" Meow meeeow. "Meow meow!" Meow meeeow. Meow mrrr meeeow.

Meeeowu meow. Meow mrrr meeeow. "MEOOOW!" Mrrr. Meow, meow. Meow mrrr-meow. Meow, meow.

"Meow? Meeeow." Mrrr. "Meow? Meeeow." Meow. "Meow meow!" Meow. Mrrr... meeeow. "MEOOOW!" Mrrr. "MEOOOW!" Meow.

Meow, meow. Meow mrrr-meow. Mrrr... meeeow. Meeeowu meow. Mrrr... meeeow. Meow meow meeeow.

Mrrr... meeeow. Meow mrrr meeeow. Meow mrrr-meow. Meow, meow. "MEOOOW!" Mrrr. "MEOOOW!" Mrrr.

Mrrr... meeeow. Meow mrrr meeeow. Mrrrr-meow. Meow, meow. "MEOOOW!" Meow. Meow mrrr-meow. Meow mrrr-meow.

"Meow? Meeeow." Meow. Meow mrrr-meow. Meow meow meeeow. "Meow? Meeeow." Mrrr. Meow mrrr-meow.

Meow mrrr-meow. Meow mrrr-meow. Meow meow meeeow. "Meow? Meeeow." Mrrr. Meeeowu meow. "MEOOOW!" Meow. Mrrrr-meow. "MEOOOW!" Mrrr.

Mrrr... meeeow. Mrrr... meeeow. Meow meow meeeow. Meow meow meeeow. "Meow? Meeeow." Meow. Mrrrr-meow. Meow meow meeeow. Meeeowu meow.

Mrrr... meeeow. Mrrr... meeeow. Meow meow meeeow. Meow mrrr meeeow. Mrrr... meeeow. Meow mrrr-meow.

Meow, meow. "Meow meow!" Mrrr. "MEOOOW!" Mrrr. Meow meow meeeow.

Meow meow meeeow. "MEOOOW!" Meow. "MEOOOW!" Mrrr. "MEOOOW!" Mrrr. Mrrr... meeeow. "Meow? Meeeow." Mrrr.

Meow meow meeeow. Mrrr... meeeow. Mrrrr-meow. "Meow meow!"

Meow meeeow.

Meeeowu meow. Meow meow meeeow. Mrrr... meeeow. "Meow meow!" Meow.

"Meow meow!" Meow. Meow, meow. Meow mrrr-meow. Meow meow meeeow. "MEOOOW!" Meow. Meow mrrr-meow. Meeeowu meow. Mrrr... meeeow. Meow, meow.

Meow meow meeeow. "Meow meow!" Meow meeeow. "MEOOOW!" Meow. Mrrrr-meow. Meow mrrr-meow. "Meow? Meeeow." Meow.

Meow meow meeeow. "MEOOOW!" Meow. "Meow? Meeeow." Mrrr. Meeeowu meow. Meow, meow. "Meow? Meeeow." Meow meeeow. Meow mrrr meeeow. "Meow? Meeeow." Meow meeeow. Meow, meow.

"Meow? Meeeow." Meow. Meow mrrr meeeow. Mrrr... meeeow. Meeeowu meow.

Meeeowu meow. Meow mrrr-meow. "MEOOOW!" Meow. Meow mrrr meeeow. Meeeowu meow. Meow meow meeeow. "Meow meow!" Meow meeeow. "Meow? Meeeow." Mrrr.

Meow mrrr meeeow. Mrrrr-meow. "Meow meow!" Meow. Meow, meow. Meow, meow. Meow meow meeeow. Meeeowu meow. Meeeowu meow. Mrrrr-meow.

"MEOOOW!" Meow meeeow. "Meow meow!" Mrrr. "Meow meow!" Meow. Meow meow meeeow. Mrrr... meeeow.

"Meow meow!" Mrrr. Mrrr... meeeow. Meow mrrr meeeow. "MEOOOW!" Meow. Meow mrrr-meow. "Meow? Meeeow." Mrrr.

Mrrr... meeeow. Meow, meow. "Meow meow!" Meow. "MEOOOW!" Meow meeeow. Meow, meow. Meow meow meeeow. Meeeowu meow. Meeeowu meow.

Mrrrr-meow. Mrrrr-meow. Meow meow meeeow. "Meow meow!" Mrrr. Meow mrrr-meow.

"Meow meow!" Meow meeeow. Meow mrrr meeeow. Meow mrrr meeeow. Meow meow meeeow.

Meow, meow. "MEOOOW!" Mrrr. Meow mrrr meeeow. "Meow? Meeeow." Meow meeeow. Mrrrr-meow. "Meow? Meeeow." Mrrr.

"Meow meow!" Mrrr. "Meow meow!" Mrrr. Mrrr... meeeow. "MEOOOW!" Mrrr. Meow, meow. Meeeowu meow. "MEOOOW!" Meow.

Mrrrr-meow. Mrrrr-meow. Meow meow meeeow. Meow meow meeeow. Meow, meow. Meeeowu meow.

Meeeowu meow. "Meow? Meeeow." Mrrr. Meow mrrr meeeow. Meeeowu meow. "Meow? Meeeow." Mrrr. Meow meow meeeow. Meow mrrr-meow. Meeeowu meow.

Meeeowu meow. "Meow? Meeeow." Mrrr. Meeeowu meow. Mrrr... meeeow. "Meow meow!" Mrrr. Meow, meow. Meow, meow.

Mrrrr-meow. "Meow? Meeeow." Meow. Mrrrr-meow. "MEOOOW!" Meow meeeow. Meow meow meeeow. "Meow meow!" Mrrr. "MEOOOW!" Meow. "Meow? Meeeow." Meow.

Meeeowu meow. Meow, meow. "Meow meow!" Meow. "Meow meow!" Meow meeeow. Meow mrrr-meow.

Meow meow meeeow. "Meow? Meeeow." Mrrr. Meow, meow. "Meow? Meeeow." Meow. Mrrrr-meow. "Meow meow!" Meow. "Meow? Meeeow." Meow meeeow. Meeeowu meow. Meow mrrr-meow.

Meow mrrr meeeow. Meow, meow. Meow, meow. "Meow meow!" Meow. Meow, meow. Meow meow meeeow. "Meow? Meeeow." Meow meeeow. Meow mrrr-meow. "Meow meow!" Mrrr. Meow mrrr-meow.

Mrrr... meeeow. Mrrrr-meow. Mrrr... meeeow. Mrrrr-meow. Meow mrrr meeeow. Mrrr... meeeow. Meow mrrr meeeow. Meow mrrr meeeow. "MEOOOW!" Mrrr. Meow mrrr meeeow.

Meow, meow. "MEOOOW!" Meow meeeow. Meeeowu meow. Meow mrrr meeeow. "Meow meow!" Meow. Mrrr... meeeow. "MEOOOW!" Meow meeeow. "Meow meow!" Meow. "MEOOOW!" Meow. Meeeowu meow.

Meow, meow. Meow, meow. Mrrrr-meow. Meow mrrr meeeow. Meow mrrr-meow.

"Meow? Meeeow." Mrrr. Meow, meow. "MEOOOW!" Meow meeeow. Mrrr... meeeow. Mrrrr-meow. "MEOOOW!" Meow meeeow.

# Meow 2: Meow mrr-mrr Meow meow

"MEOOOW!" Mrrr. Meow mrrr-meow. "Meow? Meeeow." Meow. Mrrr... meeeow. "Meow meow!" Meow meeeow. Meow mrrr meeeow. Meow mrrr meeeow.

"Meow? Meeeow." Meow meeeow. Meow meow meeeow. "MEOOOW!" Mrrr. Meeeowu meow. Mrrrr-meow. "MEOOOW!" Meow meeeow. "Meow meow!" Meow.

"MEOOOW!" Mrrr. "MEOOOW!" Mrrr. Mrrrr-meow. Meow mrrr-meow. "Meow meow!" Mrrr. "Meow meow!" Meow meeeow. Meow mrrr meeeow.

"MEOOOW!" Mrrr. Meow mrrr-meow. Meow, meow. Meeeowu meow. "Meow meow!" Meow. Meeeowu meow.

"MEOOOW!" Meow. Meow meow meeeow. Mrrrr-meow. Meow mrrr meeeow. Meow meow meeeow. Meow, meow. Mrrr... meeeow. "MEOOOW!" Mrrr. Meow, meow. Meow mrrr-meow. Mrrrr-meow. Meow, meow. Meeeowu meow. Meeeowu meow. "MEOOOW!" Meow.

Mrrr... meeeow. Mrrr... meeeow. "Meow? Meeeow." Mrrr. Meow meow meeeow. "Meow meow!" Meow.

Meeeowu meow. Meow mrrr meeeow. Meow mrrr-meow. Meow meow meeeow. Meow mrrr-meow.

"MEOOOW!" Mrrr. Mrrrr-meow. Mrrrr-meow. Mrrrr-meow. "MEOOOW!" Mrrr. Meow mrrr-meow. "MEOOOW!" Meow meeeow. Meow mrrr-meow.

Meow, meow. Meow meow meeeow. Meow mrrr-meow. Mrrrr-meow. Mrrr... meeeow. Meow, meow. Mrrrr-meow. Mrrrr-meow. "Meow? Meeeow." Meow.

"MEOOOW!" Mrrr. Meow mrrr-meow. Meow mrrr meeeow. Mrrr... meeeow.

"Meow? Meeeow." Mrrr. Meow meow meeeow. Meow meow meeeow. Mrrr... meeeow. Meow meow meeeow. Meow, meow. Meeeowu meow. Meow mrrr-meow. Meow meow meeeow.

Mrrr... meeeow. Meow mrrr-meow. "Meow meow!" Meow. "Meow meow!" Mrrr. Meow meow meeeow. Mrrr... meeeow. Meeeowu meow. Mrrrr-meow. Meow mrrr-meow.

Mrrr... meeeow. "MEOOOW!" Meow. Meow mrrr meeeow. Meeeowu meow. Meow mrrr-meow.

Meow meow meeeow. "Meow? Meeeow." Meow meeeow. Meeeowu meow. Meow mrrr-meow. Meow meow meeeow. Mrrrr-meow. "Meow? Meeeow." Meow meeeow. "Meow? Meeeow." Meow meeeow. Meow mrrr meeeow. Meow mrrr meeeow. Mrrrr-meow. Meow meow meeeow. Meow meow meeeow. Mrrrr-meow. "Meow? Meeeow." Meow. Meow, meow.

Meow mrrr-meow. Meeeowu meow. "Meow? Meeeow." Meow meeeow. "Meow? Meeeow." Meow meeeow. Mrrr... meeeow. Meow mrrr-meow. "Meow meow!" Mrrr.

Mrrrr-meow. Meow mrrr-meow. Mrrrr-meow. Meow meow meeeow. Meeeowu meow.

"MEOOOW!" Meow. Mrrrr-meow. Meow mrrr meeeow. Mrrrr-meow. Mrrrr-meow. "Meow meow!" Meow. Meeeowu meow. Meow, meow. "MEOOOW!" Mrrr. Mrrr... meeeow.

Meow mrrr meeeow. "Meow? Meeeow." Meow meeeow. Meeeowu meow. Meeeowu meow. Meow, meow.

Mrrrr-meow. Meow meow meeeow. Meow, meow. Mrrr... meeeow. "Meow? Meeeow." Meow. Meow mrrr-meow. "Meow? Meeeow." Mrrr. Mrrrr-meow. "Meow? Meeeow." Meow.

Meow, meow. "MEOOOW!" Meow meeeow. "Meow? Meeeow." Meow. Meow, meow. "Meow? Meeeow." Meow. Mrrrr-meow.

Meeeowu meow. Meow mrrr meeeow. "MEOOOW!" Meow meeeow. "Meow? Meeeow." Meow. Mrrrr-meow. "MEOOOW!" Mrrr. Meow mrrr-meow. "Meow meow!" Meow meeeow.

Mrrrr-meow. "Meow meow!" Meow meeeow. Meow, meow. Meeeowu meow. "MEOOOW!" Meow meeeow. Meow, meow. Meow mrrr-meow. Meow meow meeeow.

Meow, meow. Meow meow meeeow. "Meow meow!" Meow meeeow. "MEOOOW!" Meow. "Meow meow!" Meow. Meow mrrr-meow. "Meow? Meeeow." Meow meeeow. "Meow? Meeeow." Meow meeeow. Meow, meow. Meeeowu meow. Meow meow meeeow. Meow mrrr meeeow. Meow mrrr meeeow. Mrrr... meeeow. Meow mrrr meeeow. Mrrr... meeeow. Meeeowu meow. Meow meow meeeow. "MEOOOW!" Meow. Mrrr... meeeow. Meow, meow. Meeeowu meow. Mrrr... meeeow. "Meow meow!" Mrrr. Meeeowu meow. "Meow meow!" Meow. Meow mrrr meeeow. "MEOOOW!" Mrrr. Meeeowu meow. Meow mrrr meeeow. Meow, meow. "Meow meow!" Meow meeeow. Mrrrr-meow. "Meow meow!" Meow meeeow. Meow meow meeeow.

Meow meow meeeow. "Meow meow!" Meow. Mrrrr-meow. "Meow meow!" Meow. Meow mrrr-meow. Meow meow meeeow.

Meow, meow. "MEOOOW!" Meow meeeow. Meow meow meeeow. Meow mrrr meeeow. Meow mrrr meeeow. Meow mrrr-meow.

Meow, meow. Mrrr… meeeow. "Meow? Meeeow." Meow. Mrrr… meeeow. "Meow? Meeeow." Mrrr. "MEOOOW!" Meow meeeow.

"MEOOOW!" Meow. "Meow? Meeeow." Meow. "Meow? Meeeow." Meow meeeow. Mrrr… meeeow. Meow mrrr-meow. Mrrrr-meow. Meow mrrr-meow. Meow mrrr meeeow. Meow mrrr-meow.

Mrrrr-meow. "MEOOOW!" Mrrr. "Meow? Meeeow." Mrrr. Mrrrr-meow. Meow mrrr meeeow. "Meow? Meeeow." Mrrr. "Meow? Meeeow." Mrrr. Mrrr… meeeow.

Meow, meow. Mrrrr-meow. Mrrrr-meow. Meow mrrr-meow. Meow meow meeeow. Meeeowu meow. Meow meow meeeow. Mrrrr-meow. "Meow meow!" Meow meeeow. Meeeowu meow. Meeeowu meow. "Meow? Meeeow." Meow meeeow. Meow meow meeeow. Meow mrrr-meow. Mrrr… meeeow. "Meow? Meeeow." Meow meeeow. Meow meow meeeow. Meow mrrr meeeow.

Mrrrr-meow. "MEOOOW!" Meow meeeow. Mrrrr-meow. Meow mrrr-meow. Meow mrrr-meow. Meow meow meeeow. Mrrrr-meow. Meeeowu meow.

Meeeowu meow. "MEOOOW!" Mrrr. Meow mrrr meeeow. Meow mrrr meeeow. Meow, meow. Meeeowu meow.

Meow mrrr-meow. "Meow meow!" Meow meeeow. Meow, meow. Meow mrrr meeeow. Mrrr… meeeow. "MEOOOW!" Meow. Mrrrr-meow. Mrrr… meeeow. Mrrrr-meow.

"Meow? Meeeow." Mrrr. Mrrr… meeeow. Meow, meow. "Meow meow!" Meow meeeow. Meow meow meeeow. Meeeowu meow. "Meow? Meeeow." Meow. "Meow meow!" Mrrr. Meow mrrr-meow. Meow meow meeeow. "Meow meow!" Meow. Meow mrrr meeeow. Meow, meow. Meeeowu meow. Meow mrrr-meow. Meow mrrr-meow. Meow, meow. Mrrrr-meow. "Meow meow!" Meow. Meow, meow. "Meow meow!" Meow meeeow. Meow meow meeeow. Mrrrr-meow. Mrrrr-meow.

"Meow? Meeeow." Meow meeeow.

"Meow meow!" Meow meeeow. Mrrr... meeeow. Mrrr... meeeow. "MEOOOW!" Meow meeeow. Meow meow meeeow. Meow meow meeeow. "Meow meow!" Meow meeeow. "Meow? Meeeow." Meow.

"Meow? Meeeow." Meow meeeow. Meeeowu meow. Meow mrrr-meow. Meow meow meeeow. Meow meow meeeow. Meow mrrr meeeow. "Meow meow!" Meow. "MEOOOW!" Meow. Meow mrrr-meow. "MEOOOW!" Mrrr.

Meeeowu meow. "Meow? Meeeow." Meow. Meow, meow. Meow meow meeeow. Mrrrr-meow. Meow, meow. "Meow? Meeeow." Meow. Meow, meow. Mrrrr-meow. "MEOOOW!" Mrrr. Meeeowu meow. "Meow? Meeeow." Mrrr. Meow meow meeeow. "Meow meow!" Meow meeeow. "MEOOOW!" Meow. Meeeowu meow. Meow meow meeeow. "Meow? Meeeow." Meow. Mrrrr-meow. Mrrr... meeeow. "Meow meow!" Mrrr. Mrrrr-meow. Meow mrrr-meow. "Meow? Meeeow." Mrrr. "MEOOOW!" Mrrr. "MEOOOW!" Meow meeeow. Meow mrrr-meow.

Meow meow meeeow. Meow meow meeeow. Meow mrrr meeeow. "Meow? Meeeow." Meow. Meow mrrr-meow.

"Meow? Meeeow." Meow. "MEOOOW!" Meow. "Meow meow!" Meow meeeow. Meeeowu meow. Mrrr... meeeow. "MEOOOW!" Meow.

Meow meow meeeow. Meeeowu meow. Meow, meow. Mrrrr-meow. Mrrr... meeeow. Meow meow meeeow. "Meow meow!" Mrrr. "Meow meow!" Meow meeeow.

Meow mrrr-meow. "Meow? Meeeow." Meow meeeow. Mrrr... meeeow. "Meow meow!" Mrrr. Mrrrr-meow. Meow meow meeeow. Meeeowu meow. Meeeowu meow. Mrrrr-meow. Meow meow meeeow. Meow meow meeeow. Meeeowu meow. Meow meow meeeow. "MEOOOW!" Mrrr. Meow meow meeeow. Meow mrrr meeeow. "Meow? Meeeow." Mrrr. "Meow? Meeeow." Mrrr. Meeeowu meow.

"Meow? Meeeow." Meow meeeow. "Meow? Meeeow." Mrrr. "Meow? Meeeow." Meow. "MEOOOW!" Mrrr. "MEOOOW!" Meow meeeow. "Meow? Meeeow." Meow. Meeeowu meow. "MEOOOW!" Meow meeeow.

"Meow? Meeeow." Meow. "Meow meow!" Meow. Mrrrr-meow. Meeeowu meow. Mrrr... meeeow. Meow mrrr-meow. Mrrrr-meow.

Meow, meow. "MEOOOW!" Mrrr. Meow meow meeeow. Meeeowu meow. Mrrrr-meow. Meow, meow. Meow mrrr meeeow. Mrrr... meeeow.

Meeeowu meow. Meow mrrr-meow. Mrrr... meeeow. Mrrr... meeeow. Meow mrrr-meow. Meow mrrr-meow. Mrrrr-meow.

Meow, meow. "Meow meow!" Mrrr. Meeeowu meow. "Meow? Meeeow." Mrrr. Meow mrrr-meow. Meeeowu meow. Meow meow meeeow. "Meow meow!" Meow meeeow. Meeeowu meow. Meeeowu meow. Meeeowu meow. "MEOOOW!" Mrrr. Meow mrrr-meow. Meow, meow. "Meow? Meeeow." Meow. Mrrrr-meow. "Meow meow!" Meow. Meow meow meeeow. Mrrr... meeeow. "Meow? Meeeow." Meow.

Mrrr... meeeow. "MEOOOW!" Meow meeeow. Mrrrr-meow. "MEOOOW!" Meow meeeow. "Meow meow!" Mrrr. "Meow meow!" Meow. Meow mrrr meeeow. Meow mrrr-meow. Mrrrr-meow. Mrrrr-meow. Mrrr... meeeow. "Meow meow!" Mrrr. "MEOOOW!" Meow meeeow. Meow, meow. "MEOOOW!" Meow. Meow mrrr meeeow. Mrrr... meeeow. "Meow? Meeeow." Mrrr. Meow mrrr meeeow. Meeeowu meow. Mrrr... meeeow. "Meow? Meeeow." Meow. "Meow? Meeeow." Mrrr. "Meow meow!" Meow meeeow. Mrrr... meeeow. "MEOOOW!" Mrrr. Meow meow meeeow. Meow, meow.

Meow meow meeeow. Meow, meow. "Meow? Meeeow." Meow meeeow. Meow mrrr meeeow. "Meow? Meeeow." Meow meeeow. Mrrrr-meow. "Meow meow!" Meow meeeow. Mrrr... meeeow. "MEOOOW!" Mrrr. "MEOOOW!" Meow. Meow, meow. "MEOOOW!" Meow meeeow.

Meeeowu meow. Meow meow meeeow. Meeeowu meow. Meow mrrr-meow. Mrrrr-meow. Meeeowu meow. Meow mrrr-meow. Meow meow meeeow. Meeeowu meow. Meow mrrr-meow. "MEOOOW!" Mrrr. Meow mrrr-meow. Meow mrrr meeeow. Meow mrrr-meow. Meow mrrr meeeow. "Meow? Meeeow." Mrrr. Meeeowu meow. Meow mrrr meeeow. Meow mrrr meeeow.

Meeeowu meow. "Meow? Meeeow." Meow. Meeeowu meow. Meeeowu meow. "MEOOOW!" Meow. Mrrr... meeeow. "Meow meow!" Meow meeeow. Meow, meow.

Meow mrrr-meow. Mrrrr-meow. Meeeowu meow. Mrrrr-meow. Meeeowu meow. Mrrrr-meow. Meow, meow. Mrrrr-meow. Mrrrr-meow.

Meow mrrr meeeow. Meow mrrr meeeow. "Meow meow!" Meow meeeow. Meow mrrr meeeow. Meow meow meeeow. Meow mrrr meeeow. Meeeowu meow. Mrrrr-meow. Meow meow meeeow. Meeeowu meow.

"MEOOOW!" Mrrr. "Meow meow!" Mrrr. Meow mrrr meeeow. Meow mrrr meeeow.

Meeeowu meow. "MEOOOW!" Meow meeeow. Mrrrr-meow. Mrrr... meeeow. "Meow? Meeeow." Meow. Meow, meow. Meow, meow. "Meow meow!" Meow meeeow. "Meow meow!" Mrrr.

"MEOOOW!" Meow meeeow. "Meow meow!" Meow. Meeeowu meow. "MEOOOW!" Meow meeeow. "Meow? Meeeow." Meow meeeow.

Meeeowu meow. "Meow? Meeeow." Meow meeeow. Meeeowu meow. Meeeowu meow. "Meow? Meeeow." Meow. Mrrr... meeeow.

Mrrrr-meow. Meow, meow. Meow, meow. Meow mrrr-meow. "MEOOOW!" Meow meeeow. "Meow meow!" Mrrr.

Meow mrrr meeeow. "Meow? Meeeow." Meow. Meow meow meeeow. Mrrrr-meow. Mrrr... meeeow. Meeeowu meow. Meow meow meeeow. Meow mrrr meeeow. "MEOOOW!" Mrrr. Meow, meow. "Meow meow!" Meow meeeow. Meow, meow. Meow mrrr-meow. Meow mrrr-meow. Meow mrrr meeeow. "Meow meow!" Mrrr. Meow mrrr meeeow. "Meow meow!" Mrrr.

"Meow? Meeeow." Mrrr. Meow meow meeeow. Mrrrr-meow. Meow mrrr-meow. "MEOOOW!" Meow. Meow mrrr-meow.

"Meow meow!" Meow. "MEOOOW!" Meow meeeow. Mrrrr-meow. "MEOOOW!" Mrrr. "Meow meow!" Meow meeeow.

Meow mrrr-meow. Mrrrr-meow. "MEOOOW!" Meow meeeow. "Meow? Meeeow." Meow.

"Meow meow!" Mrrr. Meow mrrr-meow. "Meow meow!" Mrrr. "MEOOOW!" Meow meeeow. Mrrr... meeeow. "MEOOOW!" Meow meeeow. "Meow? Meeeow." Meow. Mrrr... meeeow.

"MEOOOW!" Meow. "MEOOOW!" Meow. Mrrr... meeeow. Mrrr... meeeow. Mrrr... meeeow. "Meow meow!" Mrrr.

Meow meow meeeow. Meow mrrr meeeow. "Meow? Meeeow." Meow meeeow. "MEOOOW!" Mrrr. Meow, meow.

Meow mrrr meeeow. Meow, meow. Meow meow meeeow. "Meow? Meeeow." Meow meeeow. Meow mrrr-meow. Mrrrr-meow. "MEOOOW!" Meow meeeow. "MEOOOW!" Meow meeeow. Meow meow meeeow. "Meow? Meeeow." Meow meeeow. Meow mrrr-meow. Meow, meow. Meow meow meeeow. Mrrrr-meow. Meow mrrr-meow. "MEOOOW!" Mrrr. Meow, meow. "Meow meow!" Meow meeeow. Mrrrr-meow. Meeeowu meow. Mrrr... meeeow.

Meow meow meeeow. "Meow meow!" Meow. "Meow meow!" Mrrr. "Meow meow!" Meow meeeow. Meow mrrr meeeow. "Meow meow!"

Mrrr. Mrrrr-meow. Meow, meow. "MEOOOW!" Mrrr. Meow, meow. Meow mrrr meeeow. Meeeowu meow. Meow mrrr-meow. Meow mrrr-meow. Meow mrrr meeeow. Meow, meow. Mrrrr-meow. Meow mrrr meeeow. "Meow meow!" Meow meeeow. Meeeowu meow. Meeeowu meow. Meow meow meeeow. Meow meow meeeow.

Mrrr... meeeow. Meow, meow. Mrrrr-meow. "Meow? Meeeow." Meow meeeow. Meow mrrr meeeow. "Meow meow!" Meow meeeow. Mrrrr-meow.

"Meow meow!" Mrrr. Mrrr... meeeow. "Meow? Meeeow." Meow. "Meow meow!" Mrrr. Mrrr... meeeow. "MEOOOW!" Mrrr. Mrrr... meeeow. Mrrr... meeeow.

"Meow? Meeeow." Meow meeeow. Mrrrr-meow. "MEOOOW!" Mrrr. Meow mrrr-meow. "Meow? Meeeow." Mrrr. Mrrr... meeeow. Meow mrrr-meow. Mrrr... meeeow.

Meow, meow. Meeeowu meow. Mrrrr-meow. Meow meow meeeow. Mrrr... meeeow. Meow mrrr-meow.

"Meow meow!" Meow. Mrrrr-meow. "Meow? Meeeow." Meow meeeow. Meow mrrr-meow. "Meow? Meeeow." Meow. Meow mrrr meeeow. "Meow? Meeeow." Mrrr. Meeeowu meow.

Meow mrrr-meow. "MEOOOW!" Meow. "Meow? Meeeow." Mrrr. Mrrrr-meow. Meow, meow. Meeeowu meow. Meeeowu meow. iau, meow. Meow, meow. "Meow? Meeeow." Meow. "Meow meow!" Meow. "Meow meow!" Meow. Mrrrr-meow. "Meow? Meeeow." Mrrr. Meow, meow. Meow mrrr-meow.

Mrrrr-meow. Meow, meow. Meeeowu meow. Mrrr... meeeow.

"MEOOOW!" Meow meeeow. Meow meow meeeow. Meow meow meeeow. "Meow meow!" Meow meeeow.

"Meow meow!" Meow meeeow. "Meow? Meeeow." Meow meeeow. Mrrrr-meow. Meow mrrr meeeow. "MEOOOW!" Mrrr. "MEOOOW!" Meow meeeow. "Meow? Meeeow." Meow. Meow meow meeeow. Meeeowu meow. Meeeowu meow.

Mrrrr-meow. "Meow meow!" Meow meeeow. Meow mrrr-meow. "Meow meow!" Mrrr. Mrrrr-meow. "MEOOOW!" Meow meeeow. Meeeowu meow. "MEOOOW!" Mrrr. "Meow? Meeeow." Mrrr. "Meow? Meeeow." Mrrr.

Mrrr... meeeow. "Meow meow!" Meow meeeow. Meow meow meeeow. Meow meow meeeow. Mrrr... meeeow. Meow mrrr meeeow. Meow mrrr-meow. "Meow meow!" Meow. "Meow meow!" Meow. Meow mrrr-meow.

Meeeowu meow. "Meow? Meeeow." Meow meeeow. "MEOOOW!" Mrrr. "Meow? Meeeow." Meow.

Mrrr... meeeow. "Meow? Meeeow." Meow meeeow. Meow mrrr-meow. Mrrrr-meow. "MEOOOW!" Mrrr. Mrrr... meeeow.

Mrrrr-meow. "Meow meow!" Meow. Meow mrrr-meow. Mrrr... meeeow.

Mrrrr-meow. "MEOOOW!" Meow meeeow. "MEOOOW!" Mrrr. "Meow? Meeeow." Meow. Meeeowu meow.

Meow meow meeeow. "Meow? Meeeow." Mrrr. "Meow? Meeeow." Meow. Meow mrrr meeeow.

Mrrr... meeeow. "Meow meow!" Mrrr. "MEOOOW!" Meow meeeow. "Meow meow!" Meow. "Meow meow!" Meow meeeow. "Meow? Meeeow." Mrrr. Mrrrr-meow.

"Meow? Meeeow." Meow meeeow. Meow mrrr-meow. Meow mrrr-meow. Meeeowu meow. Meow mrrr-meow. "MEOOOW!" Meow meeeow. "Meow? Meeeow." Meow. Mrrr... meeeow. "Meow? Meeeow." Meow. Meow mrrr-meow. "Meow meow!" Meow meeeow. "Meow? Meeeow." Meow meeeow.

"Meow meow!" Mrrr. "MEOOOW!" Meow. "Meow? Meeeow." Meow. Meow mrrr-meow. Meow meow meeeow. "MEOOOW!" Meow.

"Meow? Meeeow." Meow. Meow mrrr meeeow. Meow mrrr-meow. Meow mrrr meeeow. Meow, meow. "Meow? Meeeow." Meow meeeow. Meow meow meeeow.

Meow, meow. Meeeowu meow. "Meow meow!" Mrrr. Meow meow meeeow. Meow mrrr meeeow. Meow mrrr meeeow. "Meow meow!" Meow meeeow. "MEOOOW!" Meow. "Meow? Meeeow." Meow. Meow, meow.

Meow meow meeeow. Meeeowu meow. Meow mrrr meeeow. Meeeowu meow.

"Meow? Meeeow." Meow. "Meow meow!" Mrrr. Meow meow meeeow. "Meow? Meeeow." Meow meeeow. "MEOOOW!" Meow. Mrrrr-meow. Meow mrrr meeeow. Meow mrrr meeeow. Meow mrrr-meow.

"Meow? Meeeow." Meow. Meow meow meeeow. Meow mrrr-meow. Meow mrrr-meow. "Meow meow!" Meow. Meow mrrr-meow. "Meow? Meeeow." Meow meeeow. Mrrrr-meow.

Mrrr... meeeow. "MEOOOW!" Meow meeeow. Meow meow meeeow. "Meow? Meeeow." Mrrr. Mrrr... meeeow. "Meow meow!" Meow. Meow mrrr-meow.

Mrrrr-meow. "Meow meow!" Meow. Meow mrrr meeeow. "Meow meow!" Meow.

Meow, meow. "Meow meow!" Meow meeeow. Meow meow meeeow. "Meow? Meeeow." Meow meeeow.

"MEOOOW!" Meow meeeow. Meow mrrr meeeow. "Meow meow!" Meow. Meow mrrr meeeow. "MEOOOW!" Meow meeeow. Meow mrrr meeeow. Meeeowu meow.

Meow mrrr-meow. Meow meow meeeow. "Meow meow!" Meow. Meow mrrr meeeow. Meow meow meeeow. "Meow? Meeeow." Meow. "MEOOOW!" Mrrr. "MEOOOW!" Meow meeeow. "Meow? Meeeow." Mrrr.

Mrrr... meeeow. Meow meow meeeow. "Meow? Meeeow." Mrrr. Meow mrrr-meow. Mrrr... meeeow.

Meow mrrr-meow. Meeeowu meow. "MEOOOW!" Meow. Meow mrrr-meow. Meeeowu meow. Meeeowu meow. Meow meow meeeow. Meow meow meeeow. "Meow meow!" Mrrr. "MEOOOW!" Mrrr.

Meow meow meeeow. Mrrr... meeeow. "Meow meow!" Meow meeeow. Meeeowu meow. "Meow? Meeeow." Meow.

"MEOOOW!" Meow. "Meow? Meeeow." Mrrr. "Meow meow!" Meow meeeow. "Meow meow!" Meow meeeow. Mrrrr-meow. Meow meow meeeow. Meow, meow. "Meow? Meeeow." Mrrr. "Meow meow!" Meow meeeow.

"MEOOOW!" Meow. "MEOOOW!" Mrrr. Meow, meow. "Meow? Meeeow." Meow meeeow. "MEOOOW!" Meow. Mrrr... meeeow. Mrrr... meeeow. Meow mrrr meeeow. Meow mrrr-meow.

Meow meow meeeow. Meeeowu meow. Meow mrrr meeeow. "MEOOOW!" Mrrr. Mrrrr-meow. Meow mrrr meeeow. Meow, meow.

Mrrr... meeeow. "MEOOOW!" Mrrr. Meow meow meeeow. "Meow? Meeeow." Mrrr. "Meow? Meeeow." Meow. Meow, meow. Mrrrr-meow. Mrrr... meeeow. Meow, meow. Meow, meow.

Mrrrr-meow. Mrrr... meeeow. "MEOOOW!" Mrrr. Meeeowu meow.

Meeeowu meow. "Meow? Meeeow." Meow meeeow. Mrrrr-meow. "Meow? Meeeow." Mrrr. Meow mrrr meeeow. "Meow? Meeeow." Meow meeeow.

Meow, meow. Meow mrrr meeeow. Mrrrr-meow. Mrrr... meeeow. Meow, meow. Meeeowu meow. "Meow meow!" Meow. Meow, meow. "Meow? Meeeow." Meow.

Mrrrr-meow. "Meow meow!" Meow meeeow. Meeeowu meow. Meow mrrr-meow. Meow, meow. Meow meow meeeow. "Meow meow!" Meow meeeow. "Meow? Meeeow." Meow meeeow. Mrrr... meeeow.

"MEOOOW!" Mrrr. Mrrrr-meow. "Meow? Meeeow." Mrrr. Meow meow meeeow. Mrrrr-meow. Mrrrr-meow.

"Meow? Meeeow." Meow. "Meow? Meeeow." Meow. Mrrr... meeeow. Meow mrrr meeeow. Meeeowu meow. Meow, meow. "MEOOOW!" Meow meeeow. "Meow? Meeeow." Meow meeeow. Mrrr... meeeow.

Mrrr... meeeow. "MEOOOW!" Mrrr. Meow mrrr meeeow. Mrrrr-meow. "Meow? Meeeow." Meow meeeow. "Meow? Meeeow." Meow meeeow. Meow mrrr-meow. Meow, meow. Meow mrrr-meow. "Meow meow!" Mrrr.

Meow mrrr-meow. "Meow? Meeeow." Mrrr. Mrrrr-meow. "Meow? Meeeow." Mrrr.

"Meow meow!" Mrrr. Meow mrrr meeeow. Meow mrrr-meow. Mrrrr-meow. Meow, meow. Meow meow meeeow. "Meow? Meeeow." Meow.

Meow, meow. Mrrr... meeeow. Mrrrr-meow. Meow mrrr meeeow. Mrrrr-meow. Mrrrr-meow. Meow mrrr-meow. "MEOOOW!" Meow meeeow. "Meow? Meeeow." Meow meeeow. Mrrrr-meow.

Mrrrr-meow. Mrrr... meeeow. Mrrr... meeeow. Meeeowu meow. "MEOOOW!" Meow. Meeeowu meow. "MEOOOW!" Meow. Meow mrrr meeeow. Meeeowu meow.

Meow mrrr meeeow. Mrrr... meeeow. Meow mrrr meeeow. Mrrr... meeeow.

Meow, meow. Mrrr... meeeow. Meow mrrr meeeow. Meow mrrr meeeow. Meow meow meeeow.

Meeeowu meow. Meow mrrr-meow. "Meow meow!" Meow meeeow. Meow meow meeeow. Meow, meow.

"Meow? Meeeow." Mrrr. Mrrr... meeeow. Mrrr... meeeow. Meow mrrr meeeow. "MEOOOW!" Mrrr. "Meow? Meeeow." Mrrr. "Meow meow!" Mrrr.

Meeeowu meow. Mrrrr-meow. Meeeowu meow. Meow, meow. "Meow meow!" Mrrr. "MEOOOW!" Meow.

Meeeowu meow. Mrrr... meeeow. "MEOOOW!" Mrrr. Meow, meow. Meow mrrr-meow. Meow mrrr meeeow. Meow, meow. "Meow meow!" Meow meeeow.

"Meow? Meeeow." Mrrr. Meow mrrr-meow. Mrrr... meeeow. Meow meow meeeow. Meeeowu meow. Mrrr... meeeow. Meow, meow. Mrrrr-meow. Meow meow meeeow. Meow meow meeeow.

Mrrr... meeeow. "MEOOOW!" Meow meeeow. Meow mrrr-meow. Meow meow meeeow. Meow mrrr-meow. Mrrrr-meow. "Meow? Meeeow." Meow.

"Meow? Meeeow." Meow. Meow, meow. Meeeowu meow. Meow, meow. Meow mrrr-meow. Mrrr... meeeow. "Meow meow!" Meow meeeow. "MEOOOW!" Meow meeeow.

"MEOOOW!" Meow meeeow. "Meow? Meeeow." Mrrr. Meow mrrr mi

# Meow 3: Meeeowuu meow

Meow meow meeeow. Meeeowu meow. "Meow meow!" Meow. Mrrr... meeeow.

Mrrrr-meow. Mrrrr-meow. "MEOOOW!" Meow. Mrrr... meeeow. Meeeowu meow.

Mrrrr-meow. Meeeowu meow. Mrrr... meeeow. Meow meow meeeow.

Meow mrrr meeeow. "MEOOOW!" Mrrr. "Meow meow!" Meow. Meeeowu meow.

Meow mrrr-meow. Mrrr... meeeow. "Meow? Meeeow." Meow meeeow. Meeeowu meow. Meow meow meeeow. "Meow? Meeeow." Mrrr.

Meeeowu meow. "Meow? Meeeow." Mrrr. "Meow meow!" Meow meeeow. Mrrr... meeeow. "Meow meow!" Meow. Meeeowu meow.

Meow, meow. Meeeowu meow. Meow mrrr meeeow. Meow mrrr-meow. Mrrrr-meow. Meow, meow. Meow mrrr-meow. Meow, meow. Mrrrr-meow.

Meeeowu meow. Mrrrr-meow. Meeeowu meow. Mrrr... meeeow.

"MEOOOW!" Mrrr. Mrrrr-meow. Meow, meow. "MEOOOW!" Mrrr. Meow mrrr-meow. Mrrrr-meow. "Meow? Meeeow." Meow. Meeeowu meow. Mrrrr-meow. "MEOOOW!" Meow.

Meow mrrr meeeow. "Meow? Meeeow." Meow. Meeeowu meow. Meeeowu meow. Meeeowu meow. Meow, meow. "Meow? Meeeow." Meow. Meow mrrr-meow.

"Meow meow!" Meow meeeow. Mrrrr-meow. "Meow? Meeeow." Meow meeeow. Meow mrrr meeeow. Mrrr... meeeow. Meow, meow. Meow

meow meeeow. “Meow meow!” Mrrr. Meow mrrr meeeow.

Meow mrrr-meow. Meow mrrr meeeow. Meow mrrr-meow. “MEOOOW!” Meow meeeow. Meow mrrr meeeow. Meow mrrr meeeow. Meow mrrr meeeow.

Meow meow meeeow. “Meow? Meeeow.” Mrrr. Meow, meow. Meow meow meeeow. Mrrr… meeeow. Meow mrrr meeeow. “Meow? Meeeow.” Mrrr. Meow mrrr-meow. Meeeowu meow. Meow, meow.

Meow, meow. Mrrrr-meow. Meow mrrr meeeow. “MEOOOW!” Mrrr. “MEOOOW!” Meow meeeow. Meow mrrr meeeow. Mrrr… meeeow. “Meow? Meeeow.” Mrrr. “MEOOOW!” Meow.

“Meow meow!” Mrrr. “Meow meow!” Meow. “MEOOOW!” Meow meeeow. Meow mrrr-meow.

“Meow meow!” Mrrr. Meeeowu meow. “Meow? Meeeow.” Mrrr. “Meow meow!” Meow.

“Meow? Meeeow.” Meow. “Meow meow!” Meow meeeow. Meow mrrr-meow. “Meow meow!” Meow meeeow. Meow meow meeeow. Mrrr… meeeow. Meow mrrr meeeow. Meow mrrr-meow. “Meow? Meeeow.” Meow meeeow. Mrrrr-meow.

Meow mrrr meeeow. Mrrr… meeeow. Mrrr… meeeow. “MEOOOW!” Mrrr. Meow mrrr-meow. “Meow? Meeeow.” Meow meeeow. Meow, meow.

Meeeowu meow. Meow mrrr-meow. Meow meow meeeow. Meow mrrr meeeow. “Meow meow!” Meow meeeow. Meow mrrr meeeow. Meow, meow.

Meow mrrr meeeow. Mrrrr-meow. Mrrrr-meow. Meow, meow. “Meow meow!” Meow. Mrrrr-meow. Meow mrrr-meow. Meow mrrr-meow. Meow, meow.

"MEOOOW!" Meow meeeow. Mrrr... meeeow. "Meow? Meeeow." Mrrr. "MEOOOW!" Meow. "Meow? Meeeow." Meow meeeow. "MEOOOW!" Mrrr. "Meow? Meeeow." Mrrr. "MEOOOW!" Mrrr. Mrrr... meeeow.

"Meow meow!" Mrrr. "MEOOOW!" Meow. "Meow meow!" Mrrr. "Meow? Meeeow." Meow. Meow meow meeeow. Meeeowu meow. "Meow meow!" Meow.

"Meow? Meeeow." Mrrr. Meow, meow. Mrrr... meeeow. Meow, meow.

Meow mrrr meeeow. "Meow? Meeeow." Meow meeeow. Meow, meow. Meow, meow.

"MEOOOW!" Meow meeeow. "Meow? Meeeow." Meow. Meow mrrr meeeow. Meeeowu meow. "Meow meow!" Mrrr. "Meow? Meeeow." Meow meeeow. "Meow? Meeeow." Meow. "Meow? Meeeow." Mrrr.

Meow mrrr-meow. Meeeowu meow. "Meow? Meeeow." Meow meeeow. Mrrrr-meow. "Meow meow!" Meow meeeow.

Meow mrrr meeeow. "Meow meow!" Meow meeeow. Meow meow meeeow. Meow meow meeeow. Meow meow meeeow. Meow mrrr-meow.

Meeeowu meow. "MEOOOW!" Meow meeeow. Meow meow meeeow. Mrrrr-meow. Meow mrrr-meow.

Meow, meow. Meow mrrr meeeow. "MEOOOW!" Mrrr. Meow meow meeeow. Meow mrrr meeeow. "MEOOOW!" Meow meeeow. "Meow? Meeeow." Mrrr. Meow meow meeeow. Meow meow meeeow. Meow meow meeeow.

Meow mrrr-meow. "MEOOOW!" Mrrr. "Meow? Meeeow." Meow. "MEOOOW!" Meow meeeow. Mrrr... meeeow. Meeeowu meow. "Meow? Meeeow." Meow meeeow. "Meow? Meeeow." Meow. "Meow?

Meeeow." Meow.

Mrrr... meeeow. Mrrr... meeeow. "Meow? Meeeow." Meow meeeow. Mrrrr-meow. "Meow meow!" Meow.

Meow, meow. "Meow meow!" Mrrr. Meow, meow. "Meow meow!" Meow. Meow mrrr meeeow. Mrrrr-meow. Mrrr... meeeow. Mrrrr-meow. Meow meow meeeow. "MEOOOW!" Mrrr.

"Meow meow!" Meow meeeow. Meow meow meeeow. "Meow? Meeeow." Meow. "Meow meow!" Meow. "Meow meow!" Mrrr.

Mrrr... meeeow. Meow meow meeeow. "Meow? Meeeow." Mrrr. "Meow? Meeeow." Meow meeeow. Meow mrrr-meow. Meow mrrr-meow. Meow meow meeeow.

Meow mrrr meeeow. Meow mrrr meeeow. Mrrrr-meow. "Meow? Meeeow." Meow.

"Meow meow!" Meow meeeow. Meeeowu meow. Mrrr... meeeow. Meow meow meeeow.

Meow mrrr meeeow. Mrrr... meeeow. Meow mrrr-meow. Meow, meow. Meow mrrr-meow.

Meow mrrr-meow. Mrrrr-meow. "Meow meow!" Mrrr. Mrrr... meeeow. Meow mrrr-meow. Meow, meow. "Meow meow!" Mrrr. Mrrr... meeeow. Mrrr... meeeow.

Mrrr... meeeow. Meow, meow. Meow, meow. Meeeowu meow. Meow mrrr-meow. Meow meow meeeow. Meow, meow.

"Meow meow!" Meow. Meow meow meeeow. Meeeowu meow. "MEOOOW!" Mrrr. Meow, meow. "Meow meow!" Meow meeeow. "Meow? Meeeow." Mrrr. "MEOOOW!" Meow meeeow. "Meow meow!" Meow. "Meow? Meeeow." Meow meeeow.

Meow mrrr-meow. Meeeowu meow. Meow meow meeeow. Mrrr... meeeow. Meow mrrr meeeow.

"Meow? Meeeow." Mrrr. Meow, meow. "Meow? Meeeow." Mrrr. Meow meow meeeow. Meow meow meeeow.

Meow mrrr meeeow. Meeeowu meow. Meeeowu meow. Meow mrrr-meow. Meow mrrr meeeow. Meow mrrr meeeow. Meow, meow. Meow, meow. Meow mrrr meeeow.

"MEOOOW!" Mrrr. Meow meow meeeow. Meow mrrr-meow. Mrrrr-meow. Meow meow meeeow. Mrrrr-meow. Mrrrr-meow.

"MEOOOW!" Meow meeeow. Mrrrr-meow. Meow, meow. Meow meow meeeow. Meow meow meeeow. Mrrr... meeeow.

Mrrr... meeeow. "Meow? Meeeow." Meow. Meow, meow. Meow mrrr meeeow.

"MEOOOW!" Meow. Mrrrr-meow. "Meow meow!" Mrrr. Meeeowu meow. Meow mrrr meeeow. Meow mrrr meeeow. "Meow meow!" Mrrr. Meow mrrr meeeow. Meow mrrr-meow.

"MEOOOW!" Meow meeeow. "Meow? Meeeow." Meow meeeow. Mrrr... meeeow. "MEOOOW!" Mrrr. Meow mrrr-meow. "Meow? Meeeow." Meow. Mrrrr-meow. "Meow meow!" Meow. Meow, meow.

Meow, meow. Meow, meow. "Meow meow!" Meow meeeow. Meow mrrr meeeow. Meow, meow. Meow meow meeeow.

Meow meow meeeow. Meow, meow. Mrrr... meeeow. "MEOOOW!" Meow meeeow. Meow meow meeeow. Meow meow meeeow.

"Meow meow!" Meow. Meeeowu meow. "Meow meow!" Meow meeeow. "MEOOOW!" Mrrr. "Meow? Meeeow." Mrrr. "Meow meow!" Meow. Mrrr... meeeow. Meow mrrr meeeow.

Meow, meow. Meow mrrr meeeow. "Meow meow!" Meow. Meow mrrr meeeow. "MEOOOW!" Meow meeeow. "MEOOOW!" Mrrr. "Meow? Meeeow." Meow meeeow. "MEOOOW!" Meow. Meow meow meeeow.

"Meow meow!" Mrrr. "MEOOOW!" Meow. Meow, meow. Meow mrrr-meow.

Meow meow meeeow. Meow, meow. "Meow? Meeeow." Meow meeeow. Meow meow meeeow. "Meow meow!" Mrrr. Meow mrrr-meow. Meeeowu meow. "Meow? Meeeow." Meow meeeow. "Meow meow!" Meow.

Meow mrrr meeeow. Meow meow meeeow. Meow, meow. Mrrrr-meow. Meow, meow. Meow, meow. Mrrrr-meow.

Meeeowu meow. Mrrrr-meow. Meeeowu meow. "Meow meow!" Meow meeeow. "Meow meow!" Meow. Meow mrrr meeeow. "Meow? Meeeow." Mrrr.

Meow meow meeeow. Meow meow meeeow. Meeeowu meow. "Meow meow!" Mrrr. Meow mrrr-meow. "MEOOOW!" Meow. Meeeowu meow. Meow mrrr-meow. Meow meow meeeow. "Meow? Meeeow." Meow.

Mrrrr-meow. "Meow? Meeeow." Mrrr. "MEOOOW!" Meow meeeow. Meow meow meeeow. Meeeowu meow. Meow, meow. Meeeowu meow.

Meow meow meeeow. Mrrr... meeeow. Mrrrr-meow. Meeeowu meow. Meow, meow.

Meow, meow. "Meow? Meeeow." Meow. Meow mrrr-meow. "Meow? Meeeow." Meow meeeow. Meow, meow. Meeeowu meow. Meow meow meeeow. Mrrr... meeeow. Meow mrrr-meow.

Mrrrr-meow. Meow meow meeeow. Meow mrrr-meow. "MEOOOW!" Meow meeeow.

Mrrrr-meow. Mrrrr-meow. Meow mrrr-meow. Meow mrrr-meow. Meow mrrr meeeow. Meow mrrr-meow. "Meow? Meeeow." Meow. Meow mrrr meeeow. Meow, meow. Meow mrrr meeeow.

"Meow? Meeeow." Meow. Mrrr... meeeow. Meow mrrr meeeow. Meow, meow. Meeeowu meow. Mrrr... meeeow. "Meow? Meeeow." Meow.

"MEOOOW!" Meow meeeow. Mrrr... meeeow. Mrrr... meeeow. "Meow meow!" Mrrr. "Meow? Meeeow." Meow. Meow meow meeeow. Meow, meow. "MEOOOW!" Meow meeeow.

Mrrrr-meow. Meow, meow. Mrrr... meeeow. Meeeowu meow. Meow mrrr meeeow. "Meow meow!" Mrrr. Mrrrr-meow.

Meow mrrr meeeow. Meow meow meeeow. Meeeowu meow. "MEOOOW!" Mrrr. "Meow meow!" Meow. Meow mrrr-meow. Mrrrr-meow. Mrrr... meeeow. Meow meow meeeow.

"Meow meow!" Mrrr. "MEOOOW!" Meow meeeow. Meow meow meeeow. "MEOOOW!" Meow meeeow. Meow mrrr meeeow. Meow meow meeeow. Meow mrrr meeeow. Meow meow meeeow. "Meow? Meeeow." Meow meeeow.

Meow meow meeeow. Meow mrrr-meow. "Meow? Meeeow." Meow meeeow. "MEOOOW!" Mrrr. Meow, meow. Mrrr... meeeow. Meow mrrr meeeow.

Mrrrr-meow. Meow meow meeeow. Meow mrrr meeeow. Meow mrrr meeeow. Meow, meow. Meow mrrr meeeow. "Meow? Meeeow." Mrrr. Mrrrr-meow. "Meow meow!" Meow meeeow.

"Meow meow!" Meow. "MEOOOW!" Meow meeeow. Meow, meow. "Meow meow!" Mrrr. Meow, meow. Meow meow meeeow. Meeeowu meow. "Meow meow!" Meow. Meow meow meeeow. Meow mrrr meeeow.

Meow meow meeeow. Meeeowu meow. Mrrrr-meow. Meow meow meeeow. "Meow? Meeeow." Meow meeeow. Mrrrr-meow. Meow mrrr meeeow. Meow, meow. "MEOOOW!" Meow meeeow. Meow mrrr meeeow.

Mrrr... meeeow. "MEOOOW!" Meow meeeow. "MEOOOW!" Meow meeeow. "MEOOOW!" Meow. Meow, meow. "MEOOOW!" Meow. "Meow? Meeeow." Meow meeeow. "Meow meow!" Meow. Mrrr... meeeow. "Meow meow!" Meow.

"Meow meow!" Meow meeeow. "MEOOOW!" Mrrr. "MEOOOW!" Meow. Meow meow meeeow.

"Meow? Meeeow." Meow. "MEOOOW!" Meow meeeow. Meow, meow. Meow, meow. "Meow? Meeeow." Meow meeeow. "Meow? Meeeow." Mrrr.

Meow meow meeeow. Meeeowu meow. "Meow meow!" Mrrr. "Meow? Meeeow." Meow.

Meeeowu meow. Mrrrr-meow. Meow mrrr meeeow. Meow, meow. Meow mrrr-meow. "Meow? Meeeow." Meow meeeow. Meeeowu meow. Meow meow meeeow.

Meow, meow. Meow, meow. Meow mrrr meeeow. Mrrr... meeeow. Mrrrr-meow. Mrrr... meeeow. Meow mrrr meeeow. Meow mrrr-meow.

Mrrrr-meow. "Meow meow!" Mrrr. "Meow meow!" Meow. Meow, meow.

"Meow meow!" Meow meeeow. "Meow meow!" Meow meeeow. Meow meow meeeow. Meow mrrr meeeow. Meow mrrr-meow. Meow mrrr-meow. "Meow meow!" Meow meeeow.

"Meow meow!" Mrrr. "MEOOOW!" Mrrr. Mrrr... meeeow. Meeeowu meow. Mrrr... meeeow. Meow mrrr-meow. Meow mrrr-meow.

Meow, meow. Mrrr... meeeow. Meow mrrr meeeow. "Meow? Meeeow." Meow.

Mrrrr-meow. "Meow? Meeeow." Meow meeeow. Meow meow meeeow. Meeeowu meow. Meow mrrr meeeow. Meow, meow. "Meow meow!" Meow. Mrrrr-meow.

Mrrrr-meow. Meow mrrr-meow. Meeeowu meow. Meow meow meeeow. Mrrr... meeeow. Meeeowu meow. Meow meow meeeow. Meeeowu meow. Meow mrrr meeeow.

Meow mrrr meeeow. Meow, meow. Meeeowu meow. Mrrrr-meow.

Mrrrr-meow. Meow mrrr meeeow. Mrrrr-meow. Meow meow meeeow.

Mrrr... meeeow. Meow, meow. Mrrr... meeeow. Meow, meow. "MEOOOW!" Meow meeeow. Mrrr... meeeow. "MEOOOW!" Meow meeeow. Meow mrrr-meow.

"Meow? Meeeow." Mrrr. Meow mrrr-meow. "Meow? Meeeow." Mrrr. "MEOOOW!" Meow meeeow. "MEOOOW!" Meow. "Meow meow!" Mrrr. Mrrrr-meow.

Meow mrrr meeeow. Meow, meow. "Meow meow!" Meow. "MEOOOW!" Meow meeeow. Meow mrrr meeeow. Mrrrr-meow. "Meow meow!" Meow. Meow meow meeeow. "Meow meow!" Meow meeeow. Meow, meow.

Meow mrrr meeeow. "MEOOOW!" Meow meeeow. Meeeowu meow. Mrrrr-meow. "Meow? Meeeow." Meow.

Meow meow meeeow. "MEOOOW!" Mrrr. Meow mrrr-meow. Meeeowu meow. "Meow? Meeeow." Meow. "Meow? Meeeow." Meow meeeow. Meow, meow.

Meow mrrr meeeow. Meow mrrr-meow. Meow, meow. Meeeowu meow.

"Meow meow!" Meow.

Meow, meow. "Meow? Meeeow." Meow. Meow mrrr meeeow. "MEOOOW!" Mrrr. Mrrr… meeeow.

"MEOOOW!" Meow meeeow. "MEOOOW!" Meow meeeow. "Meow? Meeeow." Mrrr. Meow, meow. "Meow? Meeeow." Mrrr. "MEOOOW!" Meow. Mrrrr-meow. Meow mrrr meeeow. Meeeowu meow.

Mrrrr-meow. Mrrr… meeeow. Meow mrrr meeeow. Mrrr… meeeow.

"Meow? Meeeow." Meow meeeow. "Meow meow!" Mrrr. Meow mrrr meeeow. Meow mrrr-meow. "Meow meow!" Meow meeeow. "MEOOOW!" Mrrr. "Meow? Meeeow." Mrrr. Meow mrrr meeeow. Meeeowu meow.

"Meow meow!" Mrrr. "MEOOOW!" Meow meeeow. "Meow meow!" Meow. Mrrr… meeeow. "Meow meow!" Meow meeeow. Meow, meow. "MEOOOW!" Meow meeeow.

"MEOOOW!" Meow meeeow. Meow, meow. "MEOOOW!" Mrrr. Mrrr… meeeow. Meow mrrr meeeow. Mrrr… meeeow. "MEOOOW!" Meow. Mrrr… meeeow.

Mrrrr-meow. Meow mrrr meeeow. Meow meow meeeow. Mrrrr-meow. Meow mrrr meeeow.

"Meow meow!" Meow. "Meow? Meeeow." Meow meeeow. Meow, meow. Meow meow meeeow. "MEOOOW!" Meow. Meow mrrr-meow. "Meow? Meeeow." Meow meeeow. Meow meow meeeow. "Meow? Meeeow." Mrrr.

Mrrr… meeeow. "MEOOOW!" Meow. Meow meow meeeow. "Meow meow!" Meow. "Meow? Meeeow." Meow. Meow, meow.

"Meow meow!" Mrrr. "MEOOOW!" Meow meeeow. "MEOOOW!"

Meow. Mrrrr-meow. "Meow? Meeeow." Meow meeeow.

"Meow? Meeeow." Mrrr. "Meow? Meeeow." Meow meeeow. Meow meow meeeow. "Meow meow!" Meow.

Meow mrrr-meow. Meow, meow. Meow meow meeeow. "Meow meow!" Mrrr. Meow mrrr meeeow. "Meow meow!" Meow. Meow mrrr-meow. Meow mrrr meeeow. Meeeowu meow.

Mrrr... meeeow. Meow, meow. Meow meow meeeow. Mrrrr-meow. Meeeowu meow.

"MEOOOW!" Meow. Meow mrrr-meow. Meeeowu meow. Meow mrrr meeeow. Meeeowu meow. Mrrrr-meow. Meow meow meeeow. "MEOOOW!" Meow. Meow mrrr meeeow. Meow mrrr-meow.

Meow, meow. Meow, meow. Meow meow meeeow. "Meow meow!" Meow. "Meow meow!" Meow meeeow. Meow meow meeeow.

Mrrr... meeeow. Meow mrrr meeeow. "MEOOOW!" Meow meeeow. Meow mrrr-meow. "Meow? Meeeow." Meow. Meow mrrr meeeow. Mrrr... meeeow. "MEOOOW!" Meow meeeow. "Meow meow!" Meow. Meow meow meeeow.

"Meow? Meeeow." Meow. "MEOOOW!" Meow meeeow. Meeeowu meow. Mrrrr-meow. Meow mrrr meeeow.

Mrrr... meeeow. Meow mrrr meeeow. Mrrr... meeeow. Mrrrr-meow. Mrrr... meeeow. Meeeowu meow. "Meow meow!" Meow. "Meow? Meeeow." Mrrr. "Meow meow!" Mrrr. Meow mrrr meeeow.

"Meow? Meeeow." Meow. Meow mrrr meeeow. Mrrr... meeeow. "Meow meow!" Meow meeeow. Mrrr... meeeow. Mrrr... meeeow. "MEOOOW!" Mrrr. "MEOOOW!" Meow meeeow. Meow mrrr-meow. "MEOOOW!" Mrrr. "Meow meow!" Mrrr. Meow mrrr meeeow. Meow mrrr-meow. Meow meow meeeow. Meow mrrr-meow. Meow, meow.

Mrrr… meeeow. "Meow? Meeeow." Meow. Meow meow meeeow. Meow mrrr-meow. Meeeowu meow. Mrrr… meeeow. Mrrr… meeeow.

Mrrrr-meow. Mrrrr-meow. Meeeowu meow. "Meow? Meeeow." Meow. "MEOOOW!" Mrrr. "Meow? Meeeow." Meow meeeow. "MEOOOW!" Meow. Meow mrrr meeeow. Meow mrrr meeeow. Mrrrr-meow. Meow mrrr-meow. Meeeowu meow. Meeeowu meow. Meeeowu meow. Meow, meow. "Meow meow!" Meow. Mrrrr-meow. "Meow? Meeeow." Meow meeeow. Mrrrr-meow. Meow mrrr meeeow. Meow meow meeeow. "MEOOOW!" Meow. Meeeowu meow. Mrrrr-meow. Meeeowu meow. Meow, meow.

Meow meow meeeow. Mrrr… meeeow. Meow, meow. Meow mrrr meeeow. "MEOOOW!" Meow. Meow mrrr meeeow. Mrrr… meeeow. Mrrr… meeeow. Meow meow meeeow.

"Meow? Meeeow." Meow meeeow. Mrrr… meeeow. Mrrr… meeeow. Meow meow meeeow. "MEOOOW!" Meow. "Meow? Meeeow." Mrrr. Meow mrrr-meow. Meeeowu meow. Meow mrrr-meow. "Meow meow!" Meow.

Meow meow meeeow. Meeeowu meow. Meow meow meeeow. Mrrr… meeeow. Meow, meow.

"MEOOOW!" Meow meeeow. Meow, meow. Meow meow meeeow. "MEOOOW!" Meow. Meow, meow. Mrrr… meeeow.

Mrrrr-meow. Meow, meow. Meow mrrr-meow. Mrrrr-meow. Meow mrrr meeeow.

"Meow meow!" Meow. Meow mrrr-meow. Mrrrr-meow. Meeeowu meow. "Meow meow!" Meow meeeow. Meow, meow.

Meow mrrr-meow. "Meow meow!" Meow. Meow meow meeeow. Mrrrr-meow. Meow mrrr meeeow. Meeeowu meow. "Meow? Meeeow." Mrrr. Mrrrr-meow. Mrrr… meeeow. Meow meow meeeow.

Meow, meow. Mrrr... meeeow. "MEOOOW!" Meow. "MEOOOW!" Meow. "Meow? Meeeow." Mrrr. Meow mrrr-meow. "Meow? Meeeow." Meow. Mrrr... meeeow.

"Meow meow!" Meow meeeow. Meow, meow. "Meow meow!" Meow. "Meow meow!" Meow meeeow. Meow mrrr meeeow. "MEOOOW!" Meow meeeow.

Meow mrrr-meow. Meeeowu meow. Meow, meow. Meeeowu meow. Meow mrrr-meow.

Meow meow meeeow. "Meow meow!" Meow meeeow. Meow mrrr meeeow. "Meow? Meeeow." Meow. "Meow? Meeeow." Meow. "MEOOOW!" Meow. Mrrr... meeeow.

Mrrr... meeeow. Meow, meow. Meow meow meeeow. Meow mrrr-meow. "MEOOOW!" Meow. Mrrr... meeeow. Mrrrr-meow. Meow mrrr meeeow. "MEOOOW!" Meow meeeow. "MEOOOW!" Meow. Meow mrrr meeeow. Meow, meow. "Meow? Meeeow." Mrrr. Meeeowu meow. Mrrrr-meow. Meeeowu meow. "Meow meow!" Meow. Meow mrrr meeeow. Meow mrrr meeeow. "MEOOOW!" Meow meeeow. Meow, meow. "Meow? Meeeow." Meow. Meow meow meeeow. "Meow meow!" Meow meeeow. Meow mrrr meeeow.

"MEOOOW!" Meow. Mrrrr-meow. "Meow meow!" Meow meeeow. "MEOOOW!" Meow meeeow. Meow mrrr meeeow. Meow mrrr-meow. Mrrr... meeeow. "Meow meow!" Mrrr.

"Meow meow!" Meow meeeow. "Meow meow!" Meow. Meow mrrr meeeow. Mrrrr-meow. Meow, meow. Mrrr... meeeow. "MEOOOW!" Meow. Mrrrr-meow. Mrrrr-meow. Meeeowu meow. Mrrrr-meow. "MEOOOW!" Meow meeeow. Meeeowu meow. Mrrr... meeeow. "Meow? Meeeow." Mrrr. Meow, meow. "MEOOOW!" Mrrr. "Meow? Meeeow." Meow meeeow. Mrrr... meeeow. Meow mrrr-meow. Meow, meow. "Meow? Meeeow." Meow meeeow. "Meow meow!" Meow.

Mrrr... meeeow. Meow, meow. Mrrr... meeeow. Mrrr... meeeow. "MEOOOW!" Meow. "Meow? Meeeow." Mrrr. "MEOOOW!" Meow meeeow. Meow mrrr meeeow.

Meow mrrr meeeow. Meow meow meeeow. "MEOOOW!" Meow. "Meow? Meeeow." Meow. "MEOOOW!" Meow. "Meow meow!" Meow meeeow. Meow, meow. Meow meow meeeow. "MEOOOW!" Meow meeeow.

Mrrrr-meow. Mrrr... meeeow. Meow, meow. Mrrr... meeeow. Mrrr... meeeow. "Meow meow!" Mrrr. "Meow? Meeeow." Mrrr. "MEOOOW!" Meow. Meeeowu meow. Meow mrrr-meow. Mrrr... meeeow. "Meow? Meeeow." Meow meeeow. "Meow meow!" Meow meeeow. Meeeowu meow. Meow mrrr-meow. "Meow meow!" Meow. Meow meow meeeow.

"MEOOOW!" Mrrr. "MEOOOW!" Meow meeeow. Meow meow meeeow. Meeeowu meow. Meow mrrr meeeow. Meeeowu meow.

"Meow? Meeeow." Meow meeeow. "MEOOOW!" Meow meeeow. Meow meow meeeow. Mrrr... meeeow. Mrrr... meeeow.

Mrrrr-meow. "MEOOOW!" Mrrr. Meeeowu meow. Meeeowu meow. "MEOOOW!" Mrrr. "Meow meow!" Meow meeeow. Meow, meow. Meow, meow.

Meow mrrr meeeow. Mrrrr-meow. Meow meow meeeow. Meow mrrr meeeow. Meow, meow. Mrrr... meeeow. Mrrr... meeeow. "Meow? Meeeow." Meow. "MEOOOW!" Meow meeeow. Mrrrr-meow. "Meow meow!" Meow. "Meow meow!" Mrrr. Mrrrr-meow. Meow mrrr-meow. "MEOOOW!" Meow meeeow. "MEOOOW!" Meow. Meow mrrr meeeow. Mrrr... meeeow. Meow mrrr-meow.

Meow mrrr meeeow. Meeeowu meow. Mrrrr-meow. "MEOOOW!" Meow meeeow. Meeeowu meow. Meow, meow. "Meow meow!" Meow. "Meow? Meeeow." Mrrr. "Meow meow!" Mrrr. "MEOOOW!" Meow. Mrrrr-meow. Meow mrrr-meow. Meeeowu meow. Meow meow meeeow.

Mrrrr-meow. Mrrr... meeeow. "Meow meow!" Mrrr. Mrrr... meeeow. Mrrr... meeeow. "Meow meow!" Meow. Mrrr... meeeow. Meow meow meeeow. Meow meow meeeow. Meow mrrr meeeow. Mrrr... meeeow. Mrrrr-meow. Meow meow meeeow. Meow meow meeeow. Meow mrrr meeeow. "MEOOOW!" Mrrr. Mrrrr-meow. Meeeowu meow. "Meow meow!" Meow meeeow. "Meow? Meeeow." Mrrr. "Meow? Meeeow." Meow meeeow. Mrrr... meeeow. Mrrrr-meow. Mrrr... meeeow. Meow mrrr meeeow. Meeeowu meow. "MEOOOW!" Meow.

Mrrrr-meow. "MEOOOW!" Mrrr. "MEOOOW!" Mrrr. "Meow? Meeeow." Meow meeeow. Meow mrrr meeeow. Meeeowu meow. Meow, meow. "Meow meow!" Meow. "Meow? Meeeow." Meow. Meeeowu meow. Meow mrrr meeeow. Meeeowu meow. Meow, meow. Meow meow meeeow.

"Meow? Meeeow." Mrrr. "Meow? Meeeow." Meow meeeow. Meow, meow. Meeeowu meow. Meow, meow.

Meow, meow. Mrrr... meeeow. "MEOOOW!" Meow. Mrrr... meeeow. Meow meow meeeow. Mrrr... meeeow. Mrrrr-meow. "MEOOOW!" Mrrr.

# Meow 4: Meow meow Meow meow

Meow, meow. Meow mrrr-meow. Meow mrrr-meow. "MEOOOW!" Meow. "MEOOOW!" Meow meeeow. Meow meow meeeow.

"Meow? Meeeow." Meow meeeow. Meow mrrr-meow. Meow mrrr meeeow. "Meow meow!" Mrrr. "MEOOOW!" Meow. "MEOOOW!" Mrrr. "Meow meow!" Mrrr. Mrrr... meeeow. Meow mrrr meeeow. "Meow? Meeeow." Mrrr.

"Meow? Meeeow." Meow meeeow. "MEOOOW!" Meow meeeow. Mrrr... meeeow. "Meow meow!" Meow. Mrrrr-meow.

"Meow meow!" Meow meeeow. Mrrrr-meow. Mrrr... meeeow. Mrrrr-meow. Mrrrr-meow. "MEOOOW!" Meow meeeow. Mrrrr-meow. Meeeowu meow. Mrrr... meeeow. Mrrr... meeeow. Meow mrrr-meow. Meow meow meeeow. Mrrrr-meow. "MEOOOW!" Mrrr. Meow mrrr meeeow. Meow meow meeeow. Meow mrrr meeeow. Meeeowu meow. Meow, meow. Meow mrrr-meow. Meow mrrr meeeow.

Meow meow meeeow. Meeeowu meow. "Meow? Meeeow." Mrrr. "Meow? Meeeow." Meow. Mrrrr-meow. "Meow meow!" Meow. "Meow meow!" Meow meeeow.

Meow, meow. Mrrr... meeeow. Mrrrr-meow. "Meow? Meeeow." Meow.

Meow mrrr-meow. Mrrrr-meow. "MEOOOW!" Meow meeeow. Meow, meow. Meow mrrr meeeow. "Meow? Meeeow." Meow.

Meow mrrr meeeow. "MEOOOW!" Meow. Meow meow meeeow. Mrrrr-meow. Meow, meow. "Meow meow!" Mrrr. Meow mrrr-meow. "Meow meow!" Meow meeeow. Meeeowu meow.

"MEOOOW!" Meow. "MEOOOW!" Meow. "Meow? Meeeow." Meow meeeow. "MEOOOW!" Meow meeeow. "Meow? Meeeow." Meow meeeow. Meow mrrr-meow.

Mrrr... meeeow. Mrrr... meeeow. Mrrr... meeeow. "Meow? Meeeow." Meow meeeow. Meow meow meeeow. Meow meow meeeow. Meow, meow. Meow mrrr-meow.

Meow mrrr-meow. Meow meow meeeow. "Meow meow!" Meow. Mrrrr-meow. Meow meow meeeow. "Meow? Meeeow." Meow meeeow. Meow, meow. Meow, meow. Mrrrr-meow.

Mrrr... meeeow. "Meow meow!" Meow. Mrrr... meeeow. Meow mrrr-meow. "Meow meow!" Mrrr. "Meow? Meeeow." Meow. Meow meow meeeow. "Meow? Meeeow." Meow meeeow. Meow mrrr meeeow.

Meow mrrr meeeow. "Meow? Meeeow." Mrrr. Mrrrr-meow. "Meow? Meeeow." Mrrr. Meow mrrr meeeow. Meow, meow.

Meow mrrr meeeow. "MEOOOW!" Meow meeeow. "MEOOOW!" Mrrr. Meow meow meeeow. Meow mrrr meeeow. "Meow? Meeeow." Mrrr. "Meow meow!" Meow meeeow. Meeeowu meow. Meow meow meeeow.

"Meow? Meeeow." Mrrr. Mrrr... meeeow. Mrrr... meeeow. "Meow meow!" Meow. "MEOOOW!" Meow meeeow. "Meow? Meeeow." Meow. Mrrrr-meow.

"Meow? Meeeow." Meow meeeow. Mrrr... meeeow. Mrrr... meeeow. Meow mrrr-meow. Meow mrrr meeeow.

"MEOOOW!" Mrrr. Mrrr... meeeow. "Meow meow!" Meow meeeow. "MEOOOW!" Meow. Mrrr... meeeow.

Meow mrrr-meow. Meow meow meeeow. "Meow meow!" Mrrr. Meow mrrr meeeow. "Meow? Meeeow." Meow meeeow. Meow mrrr-meow.

Mrrr… meeeow. Mrrrr-meow.

Meow mrrr meeeow. "Meow? Meeeow." Mrrr. Meow mrrr meeeow. "MEOOOW!" Meow meeeow. Meow meow meeeow. Meeeowu meow. Mrrr… meeeow. Meeeowu meow. Meow mrrr-meow.

Mrrrr-meow. Meow meow meeeow. "MEOOOW!" Meow meeeow. Meeeowu meow. Meow meow meeeow. Mrrr… meeeow. Mrrrr-meow. Mrrrr-meow. "Meow meow!" Meow meeeow. Meow mrrr meeeow.

"MEOOOW!" Meow. Meow meow meeeow. "Meow meow!" Mrrr. "MEOOOW!" Mrrr. Mrrr… meeeow. Mrrr… meeeow. Meow meow meeeow.

Mrrrr-meow. Meow, meow. Mrrrr-meow. "Meow meow!" Mrrr. "MEOOOW!" Mrrr. "Meow? Meeeow." Meow. "MEOOOW!" Mrrr. "Meow? Meeeow." Meow meeeow. Meeeowu meow. Meow mrrr-meow. Meow meow meeeow. Mrrrr-meow. Mrrrr-meow. Mrrrr-meow. Mrrr… meeeow. Meeeowu meow. Mrrrr-meow. "Meow meow!" Mrrr. Meow mrrr meeeow. Mrrrr-meow. Meeeowu meow. Meow mrrr meeeow. Meow meow meeeow. "Meow meow!" Mrrr. Meow mrrr meeeow. Meow, meow. "MEOOOW!" Meow meeeow.

"MEOOOW!" Mrrr. Mrrrr-meow. Meow, meow. "MEOOOW!" Mrrr. Meow mrrr-meow. "MEOOOW!" Meow. "Meow? Meeeow." Meow meeeow. Meeeowu meow. Mrrrr-meow. Meeeowu meow.

Meeeowu meow. "MEOOOW!" Meow meeeow. Mrrr… meeeow. Meow meow meeeow. Meow mrrr meeeow.

"Meow? Meeeow." Meow. "MEOOOW!" Meow. Meow, meow. Meow meow meeeow. "MEOOOW!" Meow.

Meow mrrr-meow. Meow meow meeeow. Mrrr… meeeow. "Meow? Meeeow." Meow.

Meow meow meeeow. Mrrr... meeeow. Meow mrrr meeeow. Mrrr... meeeow. Meeeowu meow. Mrrrr-meow. Mrrrr-meow. Mrrrr-meow. Meow mrrr-meow. Meow mrrr meeeow.

Meeeowu meow. Meow mrrr-meow. Meow mrrr-meow. Meeeowu meow. Mrrrr-meow. "MEOOOW!" Meow meeeow. Meow, meow. Meeeowu meow. Meeeowu meow. Mrrrr-meow.

Mrrrr-meow. Meow meow meeeow. "Meow meow!" Meow meeeow. Meeeowu meow. Meow mrrr-meow. "Meow? Meeeow." Mrrr. "Meow? Meeeow." Meow meeeow. "Meow meow!" Mrrr.

Meow, meow. "MEOOOW!" Meow meeeow. Meow mrrr meeeow. Meow mrrr meeeow. "Meow meow!" Mrrr. Meow mrrr-meow.

Meow mrrr meeeow. Mrrr... meeeow. "Meow? Meeeow." Meow meeeow. Meow, meow. Meeeowu meow. Mrrr... meeeow. Meeeowu meow. "Meow meow!" Meow meeeow. Meow mrrr-meow.

Mrrrr-meow. "Meow meow!" Meow. "MEOOOW!" Mrrr. Meow meow meeeow. Mrrr... meeeow. Meow mrrr-meow. Meow, meow. Mrrr... meeeow. "Meow meow!" Meow meeeow. Mrrr... meeeow. Meow mrrr meeeow. "Meow? Meeeow." Meow. Meeeowu meow. Meow mrrr meeeow.

Meow, meow. Meow mrrr-meow. Mrrr... meeeow. "Meow? Meeeow." Meow. Meow, meow. Meow, meow.

"MEOOOW!" Meow. Mrrr... meeeow. Meeeowu meow. "MEOOOW!" Meow. "Meow meow!" Meow. Mrrrr-meow.

"Meow meow!" Meow. "MEOOOW!" Mrrr. "Meow meow!" Meow meeeow. Meeeowu meow. "MEOOOW!" Meow. Meow mrrr-meow. "Meow meow!" Mrrr.

"Meow meow!" Meow meeeow. Meow mrrr-meow. "MEOOOW!"

Meow meeeow. "Meow meow!" Meow meeeow.

Mrrrr-meow. Mrrr... meeeow. Meow mrrr meeeow. Meow meow meeeow. Meow, meow. "Meow? Meeeow." Meow. Mrrrr-meow. Mrrr... meeeow. Meow mrrr meeeow.

"Meow meow!" Mrrr. Meow mrrr-meow. Mrrrr-meow. Meeeowu meow. Meow mrrr meeeow. Mrrrr-meow. "Meow meow!" Meow meeeow. Meeeowu meow.

"Meow? Meeeow." Meow meeeow. Meow mrrr meeeow. "MEOOOW!" Meow. Meow, meow. Meow, meow. "Meow meow!" Mrrr. "Meow meow!" Mrrr. Mrrr... meeeow. "Meow? Meeeow." Meow. "MEOOOW!" Meow meeeow. Meow mrrr meeeow. Meow mrrr-meow. Meow meow meeeow. Meeeowu meow. "MEOOOW!" Meow. Meow meow meeeow. Meow mrrr meeeow. "Meow? Meeeow." Meow meeeow. Meeeowu meow. Mrrrr-meow. Meow mrrr meeeow. "Meow meow!" Meow meeeow. "Meow? Meeeow." Mrrr. Mrrr... meeeow. Meow mrrr-meow.

Meow, meow. "MEOOOW!" Mrrr. Meow mrrr-meow. "MEOOOW!" Mrrr. Meow mrrr meeeow. "Meow? Meeeow." Meow. Mrrrr-meow.

Meow mrrr-meow. Meow meow meeeow. Meow mrrr meeeow. Meow meow meeeow. "Meow meow!" Mrrr. "Meow meow!" Meow meeeow. Meow, meow. Meow mrrr meeeow.

Meow mrrr meeeow. "Meow meow!" Meow meeeow. "MEOOOW!" Mrrr. Meow, meow.

Mrrr... meeeow. Meow mrrr-meow. Meow meow meeeow. Meow, meow.

"MEOOOW!" Mrrr. Mrrrr-meow. Meeeowu meow. Meeeowu meow. "Meow? Meeeow." Meow meeeow. "Meow? Meeeow." Meow meeeow. Mrrrr-meow.

Mrrr... meeeow. Mrrrr-meow. Meeeowu meow. Meeeowu meow. "Meow? Meeeow." Meow meeeow. Meeeowu meow. "Meow meow!" Mrrr.

Mrrr... meeeow. "MEOOOW!" Meow. Meow mrrr meeeow. Mrrr... meeeow. "Meow? Meeeow." Mrrr. Mrrr... meeeow.

Meow mrrr meeeow. Meow mrrr meeeow. "Meow? Meeeow." Meow. "Meow? Meeeow." Meow. Meow mrrr-meow. "Meow meow!" Meow. Meow mrrr meeeow. "MEOOOW!" Meow. Meow mrrr-meow. "Meow meow!" Mrrr.

Meeeowu meow. "MEOOOW!" Meow meeeow. Mrrr... meeeow. Mrrrr-meow. "Meow meow!" Meow. Meow mrrr meeeow. "Meow meow!" Meow meeeow. "Meow meow!" Mrrr.

Meow mrrr meeeow. Meow mrrr meeeow. Meow, meow. Meow mrrr meeeow. "Meow? Meeeow." Meow meeeow. "MEOOOW!" Meow. Meow mrrr-meow. "Meow? Meeeow." Meow meeeow. Mrrr... meeeow. Meow meow meeeow. "Meow meow!" Meow. "Meow? Meeeow." Mrrr. Meow meow meeeow. "Meow? Meeeow." Meow meeeow. Meow mrrr meeeow. Mrrrr-meow. "Meow? Meeeow." Mrrr. Meow, meow. Mrrr... meeeow. Mrrr... meeeow. "Meow? Meeeow." Meow. "MEOOOW!" Meow meeeow. Mrrrr-meow. "Meow meow!" Meow. Meeeowu meow.

Meow, meow. Meeeowu meow. Meow, meow. Meow mrrr meeeow. Meow meow meeeow. Meow, meow. Mrrrr-meow. "Meow meow!" Mrrr.

"MEOOOW!" Meow. "Meow? Meeeow." Meow. Meow, meow. Meeeowu meow. "Meow? Meeeow." Mrrr. Meeeowu meow. Mrrrr-meow.

Meow mrrr-meow. "Meow meow!" Meow. Mrrr... meeeow. Meow mrrr-meow. "Meow meow!" Mrrr. "Meow meow!" Meow. "Meow meow!" Meow. Meow mrrr meeeow.

Mrrr... meeeow. "MEOOOW!" Meow. "MEOOOW!" Mrrr. "Meow? Meeeow." Mrrr. Mrrrr-meow. Meeeowu meow. "Meow meow!" Meow meeeow. "Meow? Meeeow." Meow meeeow.

Meow mrrr-meow. Meow, meow. Mrrr... meeeow. "MEOOOW!" Meow meeeow.

Meeeowu meow. Meow meow meeeow. Meow mrrr-meow. Meow mrrr-meow. Mrrrr-meow. Meow, meow.

"Meow meow!" Mrrr. Meow mrrr-meow. Meow mrrr-meow. Meow mrrr meeeow. Meow mrrr-meow. Mrrr... meeeow. Meow, meow.

Meeeowu meow. "Meow? Meeeow." Mrrr. "Meow meow!" Mrrr. "Meow? Meeeow." Mrrr. Mrrrr-meow.

Mrrr... meeeow. "MEOOOW!" Meow. "MEOOOW!" Meow meeeow. Meow, meow. "Meow? Meeeow." Meow meeeow. Meeeowu meow.

Mrrr... meeeow. "MEOOOW!" Meow meeeow. Meow mrrr meeeow. Mrrrr-meow. Meow, meow. Meeeowu meow. Meow, meow.

Meow mrrr meeeow. "MEOOOW!" Mrrr. Mrrrr-meow. "MEOOOW!" Meow meeeow.

Meow mrrr-meow. "Meow meow!" Meow. Meow, meow. "Meow? Meeeow." Mrrr.

Meow meow meeeow. Meow mrrr meeeow. Meow mrrr-meow. "MEOOOW!" Meow meeeow. Meow mrrr meeeow. "Meow? Meeeow." Meow. Mrrrr-meow. "MEOOOW!" Mrrr.

"Meow meow!" Meow. Meow meow meeeow. Meow meow meeeow. Meow mrrr meeeow. Meow mrrr-meow. Mrrrr-meow.

"Meow meow!" Meow. Meow, meow. Meow meow meeeow.

"MEOOOW!" Meow. "MEOOOW!" Meow meeeow. "Meow meow!" Meow meeeow.

Meow mrrr-meow. "Meow meow!" Meow meeeow. Meeeowu meow. Meow meow meeeow. Mrrrr-meow. Meow, meow. "Meow meow!" Meow meeeow. "Meow? Meeeow." Meow. "Meow? Meeeow." Meow.

"Meow? Meeeow." Meow meeeow. Meow meow meeeow. Meeeowu meow. Meeeowu meow. "Meow meow!" Meow meeeow. Mrrrr-meow. Mrrr... meeeow. Meow, meow.

Meeeowu meow. "Meow meow!" Meow meeeow. Meow, meow. Meeeowu meow. Mrrr... meeeow. Mrrrr-meow. "Meow? Meeeow." Mrrr. Meow, meow. Meow, meow.

"Meow? Meeeow." Meow. Meow, meow. "Meow meow!" Meow meeeow. "MEOOOW!" Mrrr. Meow mrrr-meow. "MEOOOW!" Meow meeeow. Mrrr... meeeow. "MEOOOW!" Meow meeeow. "MEOOOW!" Meow. "Meow meow!" Mrrr.

Mrrrr-meow. Mrrrr-meow. Mrrrr-meow. Mrrrr-meow. Meeeowu meow. Mrrrr-meow. Mrrrr-meow. Meow mrrr-meow. Meow meow meeeow. Mrrrr-meow.

Meow mrrr-meow. Meow mrrr-meow. "MEOOOW!" Meow. "Meow? Meeeow." Mrrr. "Meow meow!" Mrrr.

"Meow? Meeeow." Meow meeeow. Meow meow meeeow. Mrrrr-meow. Meow meow meeeow. Mrrrr-meow. "Meow? Meeeow." Mrrr. "MEOOOW!" Mrrr. "Meow? Meeeow." Mrrr. "MEOOOW!" Meow. Mrrrr-meow.

"MEOOOW!" Meow meeeow. Meeeowu meow. "Meow meow!" Mrrr. Meow, meow.

Mrrr... meeeow. Mrrrr-meow. "Meow meow!" Mrrr. Meow, meow.

Meeeowu meow. "Meow meow!" Meow meeeow. "Meow meow!" Mrrr. Mrrrr-meow. Meow mrrr meeeow. Meow mrrr meeeow.

Meow mrrr-meow. Meow mrrr-meow. "MEOOOW!" Meow meeeow. Meow meow meeeow. "MEOOOW!" Meow. Meow meow meeeow. Meeeowu meow.

Meeeowu meow. Meeeowu meow. Meow mrrr meeeow. Meow mrrr meeeow. Meow mrrr meeeow.

Mrrrr-meow. "Meow meow!" Meow meeeow. Mrrr... meeeow. "MEOOOW!" Mrrr. "Meow meow!" Mrrr. Mrrr... meeeow. Meow, meow.

Meow meow meeeow. "Meow? Meeeow." Meow meeeow. Mrrrr-meow. "Meow meow!" Mrrr. "Meow meow!" Mrrr. Meow mrrr meeeow. "MEOOOW!" Meow. "Meow meow!" Meow. Mrrrr-meow. Mrrr... meeeow. Mrrr... meeeow. Mrrr... meeeow. Meow mrrr-meow. "Meow meow!" Mrrr. Meow mrrr-meow. Meeeowu meow. Meeeowu meow. Mrrr... meeeow. Meow mrrr meeeow.

Meow meow meeeow. Meeeowu meow. Meow mrrr-meow. "MEOOOW!" Mrrr. Meeeowu meow. Meow meow meeeow.

"Meow? Meeeow." Meow meeeow. Mrrrr-meow. "Meow? Meeeow." Mrrr. Meow mrrr-meow. "Meow? Meeeow." Mrrr. Meow mrrr-meow. Meeeowu meow. Meow meow meeeow. "Meow meow!" Meow meeeow. Meeeowu meow. Mrrr... meeeow.

Meow mrrr-meow. Meow mrrr-meow. "Meow? Meeeow." Mrrr. "MEOOOW!" Mrrr. "Meow meow!" Meow. Mrrr... meeeow. Meow meow meeeow. "Meow? Meeeow." Meow. "MEOOOW!" Meow. "Meow? Meeeow." Mrrr. Meeeowu meow. "Meow meow!" Meow. Meow mrrr-meow. "Meow? Meeeow." Meow meeeow. Meow mrrr-meow.

Mrrrr-meow. "MEOOOW!" Mrrr. "Meow meow!" Mrrr. Meow meow

meeeow. "Meow meow!" Meow meeeow. Meow, meow. "Meow meow!" Mrrr. Meow meow meeeow. Meow mrrr-meow. "Meow meow!" Meow meeeow.

Meow mrrr meeeow. Meow mrrr-meow. Meow mrrr meeeow. "Meow meow!" Meow. Mrrrr-meow. Meow meow meeeow.

"Meow? Meeeow." Mrrr. Meeeowu meow. "Meow? Meeeow." Meow. Meow mrrr meeeow. "MEOOOW!" Meow meeeow.

"MEOOOW!" Meow. "MEOOOW!" Mrrr. Meow, meow. Meow mrrr-meow. Meow mrrr meeeow. Meow mrrr-meow.

Mrrrr-meow. Meow meow meeeow. Meow mrrr meeeow. "Meow? Meeeow." Meow.

Meow, meow. Meeeowu meow. "Meow? Meeeow." Mrrr. Meow, meow. Mrrr... meeeow. Meow mrrr meeeow. Mrrrr-meow.

Mrrrr-meow. Mrrrr-meow. Meow mrrr-meow. Meow, meow. Mrrr... meeeow. Meow meow meeeow. Mrrrr-meow. Meeeowu meow. "Meow meow!" Meow. "MEOOOW!" Mrrr. "Meow meow!" Meow. Meow meow meeeow. Meow mrrr-meow. "Meow? Meeeow." Meow. Meow, meow. Mrrrr-meow. Meow meow meeeow. Mrrrr-meow. Meow mrrr-meow. Meow meow meeeow. Mrrr... meeeow. Meow, meow. Meow mrrr-meow. Meow meow meeeow. "Meow meow!" Mrrr. Meow meow meeeow. Meeeowu meow. Mrrr... meeeow. Meow mrrr-meow. "Meow meow!" Meow meeeow. "Meow meow!" Mrrr. Mrrr... meeeow. Meeeowu meow.

Meow meow meeeow. Meeeowu meow. Meow meow meeeow. Meow mrrr meeeow.

"MEOOOW!" Meow meeeow. Meow meow meeeow. Meow, meow. Meow meow meeeow. "Meow? Meeeow." Mrrr.

"Meow? Meeeow." Meow meeeow. Meeeowu meow. "MEOOOW!" Mrrr. Meow, meow. Mrrrr-meow. Meow mrrr meeeow. Meow meow meeeow. Mrrrr-meow. "Meow meow!" Mrrr.

Meow mrrr-meow. Meow, meow. Meow meow meeeow. Meow mrrr meeeow.

Mrrr... meeeow. Meeeowu meow. "Meow meow!" Mrrr. Mrrr... meeeow. Meow meow meeeow. "Meow? Meeeow." Meow meeeow. Mrrr... meeeow. "Meow meow!" Meow meeeow.

"MEOOOW!" Meow meeeow. "Meow meow!" Meow meeeow. Mrrr... meeeow. Meow mrrr meeeow. Meow mrrr meeeow.

"Meow meow!" Meow meeeow. "Meow? Meeeow." Meow. Mrrr... meeeow. "Meow? Meeeow." Mrrr. Mrrrr-meow. Meow meow meeeow.

"MEOOOW!" Meow. Meeeowu meow. Meow meow meeeow. Meow meow meeeow. Meow mrrr meeeow. Meow mrrr-meow. "Meow? Meeeow." Mrrr. Meow, meow.

Meow, meow. Meow mrrr meeeow. Mrrrr-meow. "Meow? Meeeow." Meow. Meow mrrr meeeow.

Meow mrrr-meow. Meow, meow. Meow, meow. "MEOOOW!" Mrrr. Meow mrrr-meow. "Meow? Meeeow." Mrrr. Meow mrrr meeeow. Meeeowu meow. Meow, meow. "MEOOOW!" Meow. Mrrr... meeeow. "Meow? Meeeow." Meow. Mrrrr-meow. "MEOOOW!" Meow meeeow. Meeeowu meow. Meow meow meeeow. Meow, meow. "MEOOOW!" Meow. "MEOOOW!" Meow meeeow. "MEOOOW!" Meow meeeow. Mrrr... meeeow.

Meeeowu meow. Meeeowu meow. "MEOOOW!" Mrrr. Meow mrrr-meow. "Meow? Meeeow." Mrrr. "MEOOOW!" Mrrr. Meow, meow. Mrrrr-meow. Meow mrrr meeeow. "Meow? Meeeow." Meow. Meeeo-wu meow. "Meow? Meeeow." Mrrr. Meow mrrr meeeow. Meow mrrr-meow. Meeeowu meow.

Meow mrrr-meow. Mrrrr-meow. Meow meow meeeow. Mrrrr-meow. Meeeowu meow. "MEOOOW!" Meow meeeow. "MEOOOW!" Meow meeeow. "Meow? Meeeow." Mrrr. Meow mrrr meeeow. "MEOOOW!" Meow meeeow. Meow mrrr-meow. Mrrrr-meow. Meow meow meeeow. "Meow? Meeeow." Meow meeeow. "MEOOOW!" Meow meeeow. Meow mrrr meeeow. Mrrrr-meow. Meow meow meeeow. "Meow meow!" Mrrr. Meow mrrr meeeow. Mrrrr-meow. Meow, meow. Meow meow meeeow. "MEOOOW!" Mrrr. Meeeowu meow. Meow meow meeeow.

Meow, meow. Meow mrrr-meow. Meow meow meeeow. "Meow? Meeeow." Mrrr.

Meow mrrr meeeow. Mrrrr-meow. "MEOOOW!" Meow. "MEOOOW!" Meow. Mrrrr-meow. Meow, meow. Meow mrrr meeeow.

Meeeowu meow. Meow mrrr meeeow. Mrrr... meeeow. "Meow? Meeeow." Meow. Mrrr... meeeow.

Meeeowu meow. Meeeowu meow. "Meow meow!" Mrrr. Meeeowu meow.

"Meow? Meeeow." Meow. "MEOOOW!" Meow meeeow. Meeeowu meow. Meeeowu meow.

Meeeowu meow. "Meow meow!" Meow. Mrrr... meeeow. "Meow? Meeeow." Meow meeeow. "Meow? Meeeow." Meow. Meeeowu meow. "Meow? Meeeow." Meow meeeow.

"MEOOOW!" Meow. Mrrr... meeeow. Meow meow meeeow. Meeeowu meow. "MEOOOW!" Meow. Meow, meow. Meow, meow. Meow mrrr-meow. "MEOOOW!" Mrrr. Meow mrrr meeeow. "MEOOOW!" Meow. Meow meow meeeow. Mrrrr-meow. "Meow? Meeeow." Mrrr. Meow mrrr meeeow. Meow mrrr-meow. Meow meow meeeow. Meow mrrr meeeow. Meow, meow. "Meow? Meeeow." Meow meeeow.

"MEOOOW!" Meow meeeow. Meow, meow. Meow mrrr-meow.

Meow mrrr-meow. "MEOOOW!" Mrrr. Meeeowu meow. "Meow? Meeeow." Mrrr. Mrrr... meeeow. Mrrr... meeeow. Meow mrrr meeeow. Meow mrrr-meow. Mrrr... meeeow. Meeeowu meow. Meow meow meeeow. Meow meow meeeow. Meow meow meeeow. "MEOOOW!" Meow meeeow. "MEOOOW!" Mrrr. Meow mrrr meeeow. "MEOOOW!" Meow. Mrrrr-meow. "Meow? Meeeow." Meow. Meow meow meeeow. Mrrrr-meow. Meow mrrr-meow. Meeeowu meow. "Meow? Meeeow." Meow meeeow. Mrrrr-meow. "Meow? Meeeow." Meow meeeow. Mrrr... meeeow. "Meow meow!" Meow meeeow. Meow meow meeeow.

Mrrr... meeeow. Meow meow meeeow. Meow, meow. "MEOOOW!" Mrrr. Meow, meow. "MEOOOW!" Meow meeeow. Meow mrrr meeeow. "Meow? Meeeow." Meow meeeow. Mrrr... meeeow.

"Meow meow!" Meow meeeow. Meow mrrr meeeow. Mrrr... meeeow. Meow mrrr-meow. Meow mrrr meeeow. Meow mrrr meeeow. Meeeowu meow. Meow, meow. Meow, meow.

Meow meow meeeow. Mrrr... meeeow. Meow mrrr-meow. Meeeowu meow. Mrrrr-meow. "Meow meow!" Meow meeeow. "Meow meow!" Mrrr. Meow meow meeeow.

"MEOOOW!" Meow. Meow mrrr meeeow. Meeeowu meow. "Meow meow!" Meow. Mrrrr-meow. "MEOOOW!" Meow. Meeeowu meow. "MEOOOW!" Meow. "Meow? Meeeow." Meow meeeow. Mrrr... meeeow.

Mrrrr-meow. "Meow? Meeeow." Mrrr. Meeeowu meow. Mrrr... meeeow. Meow meow meeeow. "MEOOOW!" Meow.

Meow mrrr meeeow. "Meow meow!" Meow meeeow. "Meow meow!" Meow. "Meow? Meeeow." Meow. Mrrrr-meow. "Meow? Meeeow." Meow meeeow. Meow, meow. Mrrrr-meow.

Mrrr... meeeow. Meeeowu meow. Mrrrr-meow. Meeeowu meow. Meeeowu meow. "MEOOOW!" Meow. Mrrr... meeeow. Meow mrrr meeeow. Mrrr... meeeow. "Meow? Meeeow." Meow meeeow. Mrrr... meeeow. Meow mrrr-meow. Mrrrr-meow. Mrrrr-meow. Mrrrr-meow. Mrrrr-meow.

Mrrr... meeeow. Meow, meow. "Meow meow!" Meow meeeow. "MEOOOW!" Mrrr. Meow meow meeeow. "Meow? Meeeow." Meow. "MEOOOW!" Meow meeeow. Meow mrrr-meow. Mrrr... meeeow. Meow mrrr-meow. Mrrrr-meow. Meow mrrr meeeow. Meow mrrr-meow. "MEOOOW!" Mrrr. "MEOOOW!" Meow. Meow meow meeeow. Mrrrr-meow. "Meow? Meeeow." Meow. Meow mrrr meeeow. Mrrr... meeeow. Meow meow meeeow. "MEOOOW!" Meow. Meow, meow. "MEOOOW!" Meow meeeow.

Meeeowu meow. Mrrr... meeeow. Meeeowu meow. Meow mrrr-meow. Mrrr... meeeow.

"MEOOOW!" Mrrr. Meeeowu meow. Meow meow meeeow. Meeeowu meow.

"Meow? Meeeow." Meow. Mrrr... meeeow. "Meow? Meeeow." Meow. Meeeowu meow. "MEOOOW!" Meow. "Meow? Meeeow." Meow. Mrrrr-meow. "Meow meow!" Mrrr. "MEOOOW!" Meow.

"MEOOOW!" Meow. "Meow meow!" Mrrr. "Meow meow!" Mrrr. Meow mrrr meeeow. Mrrr... meeeow. Meow, meow. "Meow meow!" Mrrr. Mrrr... meeeow.

Mrrrr-meow. Meow mrrr meeeow. Mrrrr-meow. Mrrrr-meow. Meow meow meeeow. "Meow meow!" Mrrr. Meow meow meeeow. Meow, meow. Meow, meow. Meeeowu meow.

Meow meow meeeow. "MEOOOW!" Meow meeeow. Meow, meow. Meow, meow. Meeeowu meow. Meeeowu meow. Meow mrrr meeeow. "Meow? Meeeow." Mrrr. Meow mrrr meeeow. "MEOOOW!" Meow meeeow.

Meow meow meeeow. Meow, meow. Meow meow meeeow. Mrrrr-meow. "Meow meow!" Meow meeeow. "MEOOOW!" Meow meeeow.

Mrrr... meeeow. Meow meow meeeow. Mrrrr-meow. "Meow meow!" Meow meeeow. Meow mrrr-meow. "MEOOOW!" Meow meeeow. Meow mrrr meeeow. Meow mrrr-meow. Meeeowu meow. Mrrrr-meow. Meow mrrr-meow. "Meow? Meeeow." Meow meeeow. Mrrr... meeeow. "Meow meow!" Meow. "Meow? Meeeow." Mrrr. Meow meow meeeow. "MEOOOW!" Mrrr. Meow mrrr-meow. "MEOOOW!" Meow. Meow meow meeeow. "MEOOOW!" Meow meeeow.

Meow mrrr meeeow. Mrrr... meeeow. "Meow meow!" Mrrr. "Meow meow!" Meow meeeow. "Meow? Meeeow." Meow meeeow. Meeeowu meow. Meeeowu meow. Meeeowu meow. Meow meow meeeow. "Meow? Meeeow." Mrrr. Meow meow meeeow. Meow, meow. Meeeowu meow. "MEOOOW!" Meow.

Meeeowu meow. "Meow meow!" Meow meeeow. "Meow? Meeeow." Meow. Mrrr... meeeow. Meow mrrr-meow. "Meow meow!" Meow. Meow, meow.

"Meow meow!" Mrrr. Meow meow meeeow. "Meow? Meeeow." Meow meeeow. "MEOOOW!" Mrrr. Mrrrr-meow. Meow, meow. "Meow? Meeeow." Mrrr. "MEOOOW!" Meow meeeow. Meeeowu meow. Meow mrrr-meow. Meow, meow. "Meow? Meeeow." Meow. Mrrrr-meow. Meow mrrr-meow.

# Meow 5: Meow meow Meeeooww

"MEOOOW!" Meow. Meeeowu meow. Mrrr... meeeow. Meow mrrr-meow. Mrrrr-meow. Meow mrrr meeeow. Meeeowu meow.

"Meow? Meeeow." Meow. "Meow? Meeeow." Mrrr. Meow mrrr-meow. Mrrrr-meow. Meow mrrr meeeow. Mrrrr-meow. Mrrr... meeeow. Meow mrrr-meow.

Meow, meow. Meow, meow. Meow, meow. "Meow? Meeeow." Mrrr. "Meow meow!" Mrrr. "Meow? Meeeow." Mrrr. Mrrr... meeeow. "Meow? Meeeow." Meow meeeow.

Meow meow meeeow. Meow, meow. "Meow meow!" Meow. "MEOOOW!" Mrrr. Meeeowu meow. "Meow meow!" Meow. Meow mrrr meeeow. Meow meow meeeow. Meow, meow. "Meow meow!" Meow.

"Meow meow!" Mrrr. "MEOOOW!" Meow meeeow. Mrrrr-meow. Meow meow meeeow. Meow mrrr-meow.

Meeeowu meow. Meow, meow. "MEOOOW!" Meow. Meow meow meeeow. Meeeowu meow. Meow mrrr meeeow.

Mrrrr-meow. "Meow meow!" Mrrr. Meow mrrr meeeow. Mrrr... meeeow. "MEOOOW!" Meow meeeow.

Mrrr... meeeow. Meow meow meeeow. Meow mrrr-meow. Meow mrrr meeeow. "Meow? Meeeow." Meow. "Meow meow!" Mrrr. Meow meow meeeow. "MEOOOW!" Meow meeeow.

Meow mrrr meeeow. Meow mrrr meeeow. Meow meow meeeow.

Mrrr... meeeow. Meow, meow. "Meow meow!" Meow meeeow. Mrrr... meeeow. "MEOOOW!" Mrrr. "Meow? Meeeow." Meow. Meow meow meeeow.

Mrrr... meeeow. "Meow? Meeeow." Meow. Mrrrr-meow. Meeeowu meow.

Meeeowu meow. "Meow meow!" Meow meeeow. Mrrr... meeeow. Meeeowu meow. Meeeowu meow. "Meow? Meeeow." Meow meeeow. Mrrrr-meow. Meeeowu meow. "Meow? Meeeow." Mrrr. Meeeowu meow.

Mrrr... meeeow. Meow mrrr meeeow. Meow mrrr meeeow. Meeeowu meow. "Meow? Meeeow." Meow meeeow. "Meow? Meeeow." Meow. Mrrrr-meow. Meow mrrr-meow. Meow, meow. Meow mrrr meeeow.

"MEOOOW!" Meow meeeow. Meow, meow. Meow meow meeeow. Meow mrrr meeeow. Meow mrrr-meow. Meow, meow. Mrrr... meeeow. Meow mrrr meeeow.

Mrrr... meeeow. Meow mrrr-meow. Meow, meow. Meow, meow. "MEOOOW!" Meow meeeow. "Meow meow!" Mrrr. Meeeowu meow. Meow, meow. "Meow meow!" Meow. Mrrr... meeeow.

Meow, meow. "MEOOOW!" Meow. "Meow? Meeeow." Meow meeeow. Meow, meow. Meeeowu meow. Meow mrrr meeeow.

"Meow? Meeeow." Meow meeeow. Meeeowu meow. "Meow? Meeeow." Mrrr. Meow mrrr meeeow. Mrrr... meeeow. Meeeowu meow. "Meow? Meeeow." Meow. Mrrr... meeeow.

Meow mrrr meeeow. "Meow? Meeeow." Meow. Meow, meow. Mrrr... meeeow. Meow mrrr-meow. Meow, meow. Mrrrr-meow. Meow meow meeeow. "Meow? Meeeow." Meow meeeow.

"Meow meow!" Meow. Meow mrrr meeeow. Meeeowu meow. "Meow?

Meeeow." Meow meeeow. "Meow? Meeeow." Meow. "MEOOOW!" Mrrr. "Meow meow!" Meow. Meow mrrr-meow. Meow mrrr meeeow. "Meow? Meeeow." Meow.

Meeeowu meow. Meow, meow. Meow mrrr-meow. "MEOOOW!" Meow.

Meeeowu meow. "Meow? Meeeow." Meow. "MEOOOW!" Mrrr. Meow mrrr-meow. "MEOOOW!" Mrrr. Meow meow meeeow. Meow mrrr-meow. Mrrr... meeeow. "Meow? Meeeow." Mrrr. "Meow? Meeeow." Mrrr.

Mrrrr-meow. Meow meow meeeow. Meow mrrr-meow. Mrrr... meeeow. Mrrrr-meow. "Meow meow!" Mrrr.

"Meow meow!" Meow meeeow. Meow mrrr-meow. Meow mrrr-meow. Meow, meow.

"Meow? Meeeow." Meow. "Meow meow!" Mrrr. Mrrrr-meow. "Meow meow!" Mrrr. "Meow? Meeeow." Meow meeeow. Meow, meow. Mrrrr-meow. Mrrr... meeeow. "Meow meow!" Meow. Meow meow meeeow.

Mrrr... meeeow. Meow mrrr-meow. "Meow? Meeeow." Meow. Meow meow meeeow. Meow mrrr-meow. "Meow? Meeeow." Mrrr. "Meow? Meeeow." Meow. Meow, meow.

Meow mrrr meeeow. Meow meow meeeow. "Meow meow!" Meow meeeow. "Meow? Meeeow." Meow meeeow. "Meow meow!" Meow meeeow.

Mrrrr-meow. "Meow? Meeeow." Meow meeeow. "Meow? Meeeow." Mrrr. Meow meow meeeow. "MEOOOW!" Meow meeeow. "Meow meow!" Mrrr. Mrrrr-meow. Meow mrrr-meow.

"Meow? Meeeow." Meow meeeow. Meow, meow. Meow mrrr-meow. "Meow? Meeeow." Meow meeeow. Meeeowu meow. "Meow meow!"

Meow. Meow mrrr meeeow. Mrrrr-meow. Mrrr... meeeow. Meow, meow.

"Meow meow!" Meow. "Meow? Meeeow." Mrrr. "MEOOOW!" Meow. Meow mrrr meeeow. Meow mrrr-meow. Meeeowu meow. Meow mrrr meeeow.

Mrrr... meeeow. Meow mrrr-meow. "Meow? Meeeow." Meow meeeow. Mrrrr-meow. Mrrrr-meow. "Meow? Meeeow." Meow. Meow meow meeeow. Meow meow meeeow.

"MEOOOW!" Meow meeeow. Meow meow meeeow. Mrrrr-meow. Meow mrrr meeeow.

Meow meow meeeow. "Meow? Meeeow." Mrrr. Mrrr... meeeow. Meow mrrr meeeow. Meow, meow.

"Meow? Meeeow." Mrrr. Mrrrr-meow. Meow mrrr-meow. Meow mrrr meeeow.

"MEOOOW!" Meow meeeow. "MEOOOW!" Meow. Meeeowu meow. "Meow? Meeeow." Meow meeeow. Mrrr... meeeow.

Mrrr... meeeow. Meow mrrr-meow. "Meow meow!" Mrrr. Meow meow meeeow. Mrrrr-meow. "MEOOOW!" Meow.

Mrrr... meeeow. "MEOOOW!" Meow. "Meow? Meeeow." Mrrr. Meow, meow. Meow mrrr-meow. "Meow? Meeeow." Meow. Meow, meow. Meeeowu meow. Meow mrrr-meow. Meeeowu meow. Meow, meow. "Meow meow!" Mrrr. Meow mrrr-meow. Meow mrrr meeeow. Meow meow meeeow. Mrrr... meeeow. Meow mrrr meeeow. Meow meow meeeow. Mrrrr-meow. Meeeowu meow. Meow mrrr-meow. "Meow? Meeeow." Mrrr. Meow mrrr meeeow. Meow, meow. "Meow meow!" Mrrr. Meow, meow.

"MEOOOW!" Meow meeeow. Meeeowu meow. Meow mrrr meeeow.

"Meow? Meeeow." Meow meeeow. Meow mrrr meeeow.

"MEOOOW!" Meow meeeow. Mrrrr-meow. Meow mrrr meeeow. Mrrr... meeeow. "Meow? Meeeow." Meow.

"Meow? Meeeow." Mrrr. Meow meow meeeow. Meow mrrr meeeow. Mrrr... meeeow. Mrrr... meeeow. "MEOOOW!" Meow.

"MEOOOW!" Meow meeeow. Meow meow meeeow. Meeeowu meow. "Meow meow!" Mrrr.

Meow meow meeeow. Mrrr... meeeow. "Meow? Meeeow." Mrrr. "Meow meow!" Meow meeeow.

"Meow meow!" Mrrr. Mrrr... meeeow. Mrrrr-meow. Meeeowu meow. Mrrr... meeeow. "Meow? Meeeow." Meow. Mrrrr-meow.

Meeeowu meow. "Meow? Meeeow." Meow. Mrrr... meeeow. Meeeowu meow. "Meow? Meeeow." Meow.

Meow mrrr-meow. Meeeowu meow. "MEOOOW!" Meow. Mrrr... meeeow. Mrrr... meeeow.

Meow mrrr-meow. Meow, meow. "MEOOOW!" Mrrr. Meow meow meeeow. Meow mrrr meeeow. "MEOOOW!" Meow meeeow. "Meow? Meeeow." Mrrr. "Meow? Meeeow." Meow meeeow. Meow mrrr-meow. Meeeowu meow.

Meow mrrr meeeow. "Meow meow!" Meow meeeow. "MEOOOW!" Mrrr. Meeeowu meow. Meow mrrr meeeow. Mrrrr-meow.

"Meow meow!" Meow meeeow. "MEOOOW!" Meow meeeow. Meow mrrr-meow. Mrrr... meeeow. Meow mrrr-meow. "Meow meow!" Mrrr. Mrrrr-meow. Mrrr... meeeow. Mrrr... meeeow. "MEOOOW!" Mrrr.

"Meow? Meeeow." Meow meeeow. Meow meow meeeow. Meow meow

meeeow. Meow, meow. Mrrr... meeeow. "Meow? Meeeow." Mrrr. Meow mrrr meeeow. Mrrr... meeeow. Mrrr... meeeow. "Meow? Meeeow." Meow.

"Meow? Meeeow." Meow. "MEOOOW!" Mrrr. Meow, meow. "Meow meow!" Meow meeeow. "MEOOOW!" Meow meeeow. Meow, meow. Meow mrrr meeeow. "Meow meow!" Mrrr. "Meow meow!" Mrrr. Meow meow meeeow.

Meow meow meeeow. Meow mrrr meeeow. "Meow? Meeeow." Mrrr. Meow meow meeeow. Meow mrrr-meow. Mrrr... meeeow. Mrrr... meeeow. Meow mrrr meeeow. Mrrr... meeeow.

"MEOOOW!" Mrrr. Meow, meow. Meow meow meeeow. "Meow? Meeeow." Mrrr. Meow mrrr-meow.

Mrrrr-meow. Mrrrr-meow. "Meow meow!" Meow. Meow mrrr-meow. Meow meow meeeow. Meow, meow. Meow meow meeeow.

Meeeowu meow. Meow mrrr meeeow. Meow, meow. Meow, meow. Meow mrrr meeeow. Meow mrrr-meow. Meow, meow. "MEOOOW!" Meow. "Meow meow!" Meow meeeow. Meow mrrr-meow.

"Meow meow!" Meow meeeow. Meow mrrr-meow. Meeeowu meow. Meeeowu meow. Meow, meow. Meow mrrr meeeow.

"Meow? Meeeow." Mrrr. Meow, meow. Meow mrrr meeeow. "MEOOOW!" Meow meeeow. Mrrrr-meow.

"MEOOOW!" Meow. "Meow meow!" Meow meeeow. Meow mrrr meeeow. "MEOOOW!" Mrrr. Mrrrr-meow. Meow mrrr-meow. "MEOOOW!" Meow. "Meow meow!" Meow meeeow. Mrrrr-meow.

Meow mrrr meeeow. "MEOOOW!" Mrrr. "Meow meow!" Mrrr. Meow mrrr meeeow.

Meow mrrr meeeow. Meeeowu meow. Meeeowu meow. Meow mrrr meeeow. Meow mrrr-meow.

"MEOOOW!" Meow. Meow, meow. "Meow meow!" Meow meeeow. Mrrrr-meow. Mrrrr-meow. Meeeowu meow. "MEOOOW!" Mrrr. "Meow? Meeeow." Mrrr. Meow, meow.

Mrrrr-meow. Meow, meow. Meow, meow. Meow, meow. Mrrrr-meow.

Meow mrrr-meow. "Meow meow!" Mrrr. Meow mrrr meeeow. Mrrrr-meow. "Meow meow!" Meow. Mrrrr-meow. Meow mrrr meeeow. "Meow meow!" Meow. "MEOOOW!" Meow meeeow.

Meeeowu meow. Meow, meow. Mrrrr-meow. Mrrrr-meow. Meeeowu meow. "Meow? Meeeow." Mrrr. "Meow? Meeeow." Meow. Mrrrr-meow.

Meeeowu meow. Mrrr... meeeow. Mrrrr-meow. Mrrrr-meow.

Meow meow meeeow. Mrrr... meeeow. Mrrrr-meow. Meow mrrr meeeow. Meow mrrr meeeow. Meow meow meeeow. "Meow? Meeeow." Mrrr.

Meow mrrr-meow. Meow, meow. "MEOOOW!" Meow meeeow. "MEOOOW!" Meow meeeow. Meow, meow.

Meow mrrr meeeow. Mrrr... meeeow. "Meow? Meeeow." Meow. "MEOOOW!" Mrrr. Meow, meow. Meow mrrr-meow. Meow, meow. Meow mrrr meeeow. Meow, meow. Meeeowu meow. "MEOOOW!" Mrrr. "Meow? Meeeow." Meow meeeow. Meow meow meeeow. Mrrr... meeeow. Mrrr... meeeow. Meow mrrr meeeow. Mrrr... meeeow. Meow mrrr meeeow. "Meow? Meeeow." Meow meeeow. Meow, meow. "MEOOOW!" Meow. Mrrrr-meow. Meow, meow. "Meow meow!" Meow meeeow. "Meow? Meeeow." Mrrr. "MEOOOW!" Mrrr. "Meow? Meeeow." Mrrr. Meow meow meeeow. Meow mrrr-meow. "Meow meow!" Meow meeeow. "Meow? Meeeow." Mrrr. Meow meow meeeow.

Meow mrrr-meow. Meow, meow. Mrrr… meeeow. Meeeowu meow. "Meow? Meeeow." Meow meeeow. "MEOOOW!" Mrrr.

Mrrrr-meow. "Meow meow!" Meow. "Meow? Meeeow." Mrrr. "MEOOOW!" Meow. Mrrr… meeeow. Meow mrrr-meow. "MEOOOW!" Mrrr.

"MEOOOW!" Meow. Meow meow meeeow. Meow mrrr meeeow. "MEOOOW!" Meow.

Mrrrr-meow. Meeeowu meow. Meeeowu meow. Meow meow meeeow. "MEOOOW!" Meow. Meow mrrr meeeow. Meow mrrr-meow. "Meow? Meeeow." Mrrr. Meow, meow. "MEOOOW!" Meow.

Mrrr… meeeow. "Meow meow!" Mrrr. Mrrrr-meow. "MEOOOW!" Meow.

Meeeowu meow. "MEOOOW!" Meow meeeow. "Meow meow!" Mrrr. Mrrr… meeeow. Meow meow meeeow. Meow, meow.

"Meow meow!" Meow meeeow. "Meow meow!" Meow. Meow mrrr-meow. "Meow? Meeeow." Meow. "Meow? Meeeow." Mrrr.

Mrrrr-meow. Meow, meow. "Meow? Meeeow." Meow. Meow meow meeeow. Mrrrr-meow. Meeeowu meow. "Meow? Meeeow." Mrrr. Meeeowu meow. Meow meow meeeow. Mrrr… meeeow.

Meow mrrr-meow. "Meow meow!" Meow meeeow. Meow meow meeeow. "Meow? Meeeow." Meow meeeow. "MEOOOW!" Meow. Meow mrrr meeeow.

Mrrr… meeeow. "Meow meow!" Meow meeeow. Meow mrrr meeeow. Meow mrrr meeeow. Meow mrrr meeeow. "Meow? Meeeow." Mrrr. Meeeowu meow. Mrrrr-meow. Meow, meow. "MEOOOW!" Meow.

"Meow? Meeeow." Meow meeeow. Meeeowu meow. Meow mrrr

meeeow. "MEOOOW!" Meow meeeow. Meow mrrr meeeow. "Meow? Meeeow." Mrrr.

Meow mrrr-meow. Meeeowu meow. "Meow? Meeeow." Meow meeeow. "Meow meow!" Meow meeeow. "Meow meow!" Mrrr. Meow meow meeeow. Mrrr... meeeow. Meow mrrr meeeow. "Meow? Meeeow." Mrrr. "Meow meow!" Meow meeeow. Meow meow meeeow. "Meow meow!" Mrrr. "Meow? Meeeow." Meow. "Meow? Meeeow." Meow. "Meow? Meeeow." Meow meeeow. "Meow meow!" Mrrr. "Meow? Meeeow." Meow. Meow meow meeeow.

"Meow? Meeeow." Meow. "Meow meow!" Mrrr. "Meow meow!" Mrrr. Meow mrrr meeeow. Meow, meow. Meeeowu meow. Meow meow meeeow. Meow meow meeeow. "Meow? Meeeow." Meow meeeow. Mrrr... meeeow. Mrrr... meeeow. "Meow? Meeeow." Meow. "Meow meow!" Meow. Meow mrrr meeeow.

Mrrr... meeeow. Mrrr... meeeow. Meow, meow. "Meow meow!" Meow meeeow. Meeeowu meow. "Meow? Meeeow." Mrrr. Meow meow meeeow.

Meow, meow. "Meow meow!" Meow. Meeeowu meow. Meow, meow. Mrrr... meeeow. Mrrr... meeeow. "Meow? Meeeow." Meow meeeow. Meow meow meeeow.

Mrrrr-meow. Meow mrrr meeeow. Meow, meow. Meow meow meeeow. Meow, meow.

"MEOOOW!" Meow meeeow. "MEOOOW!" Mrrr. Meow mrrr-meow. Mrrrr-meow. "Meow? Meeeow." Mrrr. "Meow meow!" Meow meeeow. Meow meow meeeow. Mrrr... meeeow.

"Meow meow!" Mrrr. "Meow meow!" Meow. Mrrr... meeeow. Mrrrr-meow. Mrrrr-meow. "Meow? Meeeow." Meow meeeow. Mrrrr-meow. Meeeowu meow. "MEOOOW!" Mrrr.

"Meow meow!" Mrrr. Meow mrrr-meow. "Meow meow!" Meow. Meeeowu meow. Mrrrr-meow. "MEOOOW!" Mrrr.

"Meow? Meeeow." Meow. "MEOOOW!" Mrrr. "Meow meow!" Meow. Mrrrr-meow. "MEOOOW!" Mrrr. Meow, meow. Mrrr... meeeow. "MEOOOW!" Meow. "Meow meow!" Meow meeeow. "Meow? Meeeow." Mrrr. Meow, meow. Meow mrrr-meow. "Meow meow!" Meow. Meow meow meeeow. Meow mrrr meeeow. "Meow? Meeeow." Meow meeeow. Meow, meow. Meeeowu meow. Meeeowu meow. "Meow? Meeeow." Meow meeeow. Meow, meow. Meeeowu meow.

Meow meow meeeow. "Meow? Meeeow." Meow meeeow. Meow mrrr-meow. Mrrr... meeeow. Meow meow meeeow. Meow, meow. "Meow meow!" Meow meeeow. Mrrrr-meow.

"Meow? Meeeow." Mrrr. "MEOOOW!" Meow meeeow. "MEOOOW!" Meow meeeow. Mrrrr-meow. "MEOOOW!" Mrrr. Meow mrrr meeeow. Meeeowu meow. "Meow meow!" Meow. Meow mrrr meeeow.

Mrrr... meeeow. Mrrrr-meow. Meow meow meeeow. "Meow? Meeeow." Mrrr. Meeeowu meow. Mrrr... meeeow. Meow mrrr-meow. Meow mrrr-meow.

"MEOOOW!" Meow. Meow, meow. "Meow? Meeeow." Meow meeeow. Meeeowu meow. "MEOOOW!" Meow meeeow. Meeeowu meow. Meow mrrr meeeow. Meow mrrr-meow. "Meow? Meeeow." Meow meeeow. Mrrrr-meow.

Meow mrrr meeeow. Meow mrrr meeeow. Mrrrr-meow. Meow meow meeeow. "Meow? Meeeow." Meow. "Meow? Meeeow." Mrrr. Mrrrr-meow.

"MEOOOW!" Mrrr. Mrrrr-meow. Meow meow meeeow. Meow, meow. "Meow meow!" Meow. Meow, meow. Meow meow meeeow. Mrrr... meeeow. Mrrr... meeeow. Meow mrrr-meow. Meow, meow. Meow, meow. Meow, meow. "Meow meow!" Meow meeeow. Mrrr... meeeow.

"Meow? Meeeow." Mrrr.

"Meow meow!" Meow. Mrrrr-meow. "Meow meow!" Meow meeeow. Mrrr... meeeow.

"MEOOOW!" Meow meeeow. Meeeowu meow. Meow meow meeeow. "Meow meow!" Meow meeeow. "Meow meow!" Meow meeeow. "Meow? Meeeow." Meow. Mrrrr-meow. Mrrr... meeeow. Meeeowu meow. "MEOOOW!" Meow meeeow.

"MEOOOW!" Meow meeeow. Meow mrrr meeeow. Meow mrrr meeeow. Mrrr... meeeow.

"Meow meow!" Meow meeeow. Mrrr... meeeow. Meeeowu meow. Meow mrrr-meow. "Meow meow!" Mrrr. Meeeowu meow. Mrrr... meeeow. Meeeowu meow. "Meow? Meeeow." Mrrr.

Meow mrrr meeeow. Mrrrr-meow. "Meow meow!" Meow meeeow. Mrrrr-meow. "Meow? Meeeow." Meow meeeow. Meow meow meeeow. "MEOOOW!" Mrrr. "Meow? Meeeow." Meow meeeow. Mrrr... meeeow.

Meow mrrr meeeow. Meow meow meeeow. Mrrrr-meow. Mrrr... meeeow. Mrrrr-meow. "Meow meow!" Mrrr.

Mrrr... meeeow. Mrrr... meeeow. Meow, meow. Meeeowu meow. "Meow? Meeeow." Meow.

Mrrrr-meow. Meow, meow. Mrrr... meeeow. "Meow? Meeeow." Meow meeeow. Mrrrr-meow. "MEOOOW!" Meow meeeow. "Meow? Meeeow." Meow. Mrrr... meeeow. "Meow? Meeeow." Meow.

"MEOOOW!" Mrrr. "MEOOOW!" Meow meeeow. "Meow? Meeeow." Mrrr. Meeeowu meow. "Meow meow!" Meow. Meow mrrr-meow.

"MEOOOW!" Meow meeeow. Meow mrrr meeeow. Mrrrr-meow.

Meeeowu meow. "MEOOOW!" Meow. Meow mrrr meeeow.

Meow meow meeeow. Meeeowu meow. Meow mrrr-meow. "Meow meow!" Meow. Mrrr... meeeow. Mrrrr-meow. "MEOOOW!" Meow. Meow mrrr meeeow. Meow mrrr meeeow. "Meow meow!" Meow.

Meow, meow. Meow mrrr meeeow. "MEOOOW!" Meow. "Meow meow!" Mrrr. Mrrr... meeeow. Meow mrrr meeeow. Meeeowu meow. "MEOOOW!" Meow meeeow. "Meow meow!" Meow.

"MEOOOW!" Meow. Meow mrrr meeeow. Mrrr... meeeow. Meow mrrr meeeow. "Meow? Meeeow." Mrrr. Meow mrrr-meow. Meow mrrr meeeow. "Meow? Meeeow." Meow meeeow.

Meow meow meeeow. Meow meow meeeow. Meow mrrr meeeow. Meow, meow. Mrrrr-meow. "Meow meow!" Meow meeeow. Meow, meow. "Meow? Meeeow." Meow meeeow.

Meow meow meeeow. Mrrr... meeeow. Meow mrrr-meow. Meow, meow. Meow, meow. Meeeowu meow.

"MEOOOW!" Mrrr. Meow, meow. Meow mrrr meeeow. Meow mrrr meeeow. Meow mrrr-meow. "Meow meow!" Mrrr. Meow meow meeeow. "Meow meow!" Meow. "Meow meow!" Meow.

Meow mrrr-meow. Mrrr... meeeow. Mrrr... meeeow. Meow meow meeeow. Mrrr... meeeow. Mrrrr-meow. Meow mrrr-meow. Meow mrrr meeeow. Meow mrrr meeeow. Mrrrr-meow.

Meeeowu meow. Meow mrrr meeeow. Meow, meow. Mrrrr-meow.

Meow mrrr meeeow. Mrrr... meeeow. "Meow meow!" Mrrr. Mrrr... meeeow. "MEOOOW!" Meow meeeow. "MEOOOW!" Meow meeeow. Meow, meow. Mrrr... meeeow.

Meow mrrr meeeow. "MEOOOW!" Meow. Meeeowu meow. Mrrrr-meow. "MEOOOW!" Mrrr.

"Meow? Meeeow." Mrrr. "Meow? Meeeow." Meow meeeow. Meow mrrr-meow. Meow mrrr meeeow. Mrrr... meeeow. "MEOOOW!" Meow. "MEOOOW!" Mrrr. Mrrrr-meow. Meow meow meeeow.

Meow meow meeeow. Meow mrrr meeeow. "MEOOOW!" Mrrr. Meow meow meeeow.

Meow mrrr meeeow. Mrrrr-meow. "MEOOOW!" Mrrr. Meow, meow. Meeeowu meow. "Meow? Meeeow." Meow. Meow meow meeeow. Meow mrrr meeeow. Meow meow meeeow. "MEOOOW!" Mrrr.

"Meow meow!" Mrrr. "Meow? Meeeow." Meow meeeow. Meeeowu meow. Mrrrr-meow. Mrrr... meeeow. Mrrrr-meow. Meeeowu meow. Meow, meow. Meow mrrr-meow.

Mrrrr-meow. Meow mrrr-meow. "Meow meow!" Mrrr. "MEOOOW!" Meow meeeow. Meow meow meeeow. Mrrr... meeeow. Meow mrrr meeeow. Meow mrrr meeeow. "MEOOOW!" Meow meeeow. "Meow? Meeeow." Meow.

Meow mrrr meeeow. Mrrrr-meow. Mrrrr-meow. Mrrrr-meow. Meow, meow. "Meow meow!" Mrrr. Meeeowu meow. "Meow meow!" Mrrr.

"Meow? Meeeow." Mrrr. Mrrr... meeeow. Mrrrr-meow. Meow mrrr-meow. "MEOOOW!" Mrrr. Mrrrr-meow.

Mrrrr-meow. Meow mrrr-meow. Meow, meow. Meow mrrr-meow. Meow mrrr meeeow. Mrrrr-meow. Mrrrr-meow.

Meow mrrr meeeow. Meeeowu meow. Meeeowu meow. "MEOOOW!" Meow meeeow. Meow mrrr meeeow.

Mrrrr-meow. Meow, meow. Meow mrrr-meow. "Meow? Meeeow." Mrrr. Meow mrrr meeeow. Meeeowu meow. Meeeowu meow. "Meow

meow!" Meow meeeow.

Meow meow meeeow. Mrrr... meeeow. Meeeowu meow. Meow meow meeeow. Meeeowu meow. "Meow? Meeeow." Mrrr. "Meow? Meeeow." Meow meeeow. Meow mrrr-meow.

Meow meow meeeow. "Meow? Meeeow." Meow meeeow. "Meow meow!" Mrrr. Meow meow meeeow. Meow mrrr meeeow. "MEOOOW!" Meow. "Meow? Meeeow." Meow. Mrrr... meeeow.

Mrrrr-meow. "Meow meow!" Mrrr. Meow meow meeeow. Meow meow meeeow. Meeeowu meow. Meow, meow. Meow, meow. Mrrr... meeeow. Meow meow meeeow. Meow mrrr meeeow.

Meow mrrr meeeow. Mrrrr-meow. Meow, meow. Meow mrrr-meow. Mrrrr-meow. Mrrr... meeeow. Mrrrr-meow. "Meow meow!" Mrrr. Mrrr... meeeow.

"Meow meow!" Meow meeeow. Mrrrr-meow. Meow, meow. "Meow? Meeeow." Meow meeeow. Mrrrr-meow. Meow meow meeeow. Meeeowu meow. Meow mrrr meeeow. Meow, meow.

Mrrrr-meow. Meow mrrr meeeow. Meow, meow. Meow mrrr meeeow. "Meow? Meeeow." Meow meeeow. "MEOOOW!" Meow. Mrrr... meeeow. "Meow? Meeeow." Meow meeeow. Mrrrr-meow. Mrrr... meeeow.

"MEOOOW!" Meow meeeow. Mrrr... meeeow. "Meow meow!" Meow meeeow. Meow mrrr meeeow. Mrrr... meeeow.

Mrrr... meeeow. "MEOOOW!" Meow meeeow. Mrrr... meeeow. "MEOOOW!" Meow meeeow. Meow, meow.

Meow, meow. Mrrrr-meow. Meow meow meeeow. Meow meow meeeow. "Meow? Meeeow." Meow meeeow. Meow mrrr-meow. Meeeowu meow.

Mrrrr-meow. "Meow? Meeeow." Meow meeeow. Meow meow meeeow. "MEOOOW!" Mrrr. "Meow? Meeeow." Meow meeeow. "Meow? Meeeow." Meow meeeow.

Mrrr... meeeow. "Meow? Meeeow." Mrrr. Meow meow meeeow. Meow meow meeeow. Meow, meow. Meow mrrr meeeow. Meeeowu meow.

"MEOOOW!" Mrrr. Mrrr... meeeow. "MEOOOW!" Meow meeeow. Mrrrr-meow.

"Meow meow!" Mrrr. Meow mrrr meeeow. Mrrr... meeeow. "Meow meow!" Mrrr. Mrrrr-meow. "MEOOOW!" Meow meeeow. Mrrr... meeeow. Mrrrr-meow.

"Meow meow!" Meow. Meow mrrr meeeow. Meow mrrr-meow. Mrrr... meeeow. Meow meow meeeow. Meow, meow. "Meow meow!" Meow. "MEOOOW!" Meow. Meow mrrr-meow. Meeeowu meow.

Mrrrr-meow. Meow mrrr-meow. Meow meow meeeow. "MEOOOW!" Meow meeeow. "Meow? Meeeow." Meow. Meow mrrr-meow.

Meow meow meeeow. Meeeowu meow. "Meow meow!" Meow. "Meow meow!" Mrrr. Meow meow meeeow. Meow mrrr meeeow.

Meow meow meeeow. Mrrrr-meow. "Meow meow!" Meow. Mrrr... meeeow. "MEOOOW!" Mrrr. Meow, meow. "Meow meow!" Mrrr. Meow mrrr-meow. Meow, meow. Meow mrrr meeeow.

Mrrr... meeeow. Mrrrr-meow. "Meow meow!" Meow meeeow. "Meow meow!" Mrrr. Mrrrr-meow. "Meow meow!" Meow meeeow. Meow, meow. "Meow meow!" Meow. "MEOOOW!" Mrrr. Meow mrrr meeeow.

Mrrrr-meow. "Meow meow!" Meow meeeow. Meow mrrr-meow. Meow mrrr meeeow. Meow meow meeeow. Meow meow meeeow.

Meow meow meeeow. "Meow? Meeeow." Mrrr. "Meow meow!" Meow

meeeow. Mrrrr-meow. Meow mrrr meeeow.

"Meow meow!" Meow meeeow. Mrrrr-meow. Meow meow meeeow. "Meow? Meeeow." Mrrr. Meeeowu meow. Meow mrrr meeeow. "MEOOOW!" Meow. Meow mrrr meeeow. Meow mrrr-meow. "Meow? Meeeow." Meow.

"Meow meow!" Meow meeeow. "Meow? Meeeow." Mrrr. Meeeowu meow. Meow meow meeeow. Mrrr... meeeow.

Meow mrrr meeeow. Meeeowu meow. "Meow meow!" Meow. "Meow meow!" Meow. "Meow? Meeeow." Mrrr. Meow meow meeeow. "Meow? Meeeow." Meow meeeow.

Mrrr... meeeow. "Meow? Meeeow." Meow meeeow. "Meow? Meeeow." Meow meeeow. Meow mrrr meeeow.

Meow, meow. "MEOOOW!" Meow. Mrrr... meeeow. Meow, meow. "MEOOOW!" Meow. "Meow? Meeeow." Mrrr. Meow meow meeeow. "Meow meow!" Meow meeeow.

"Meow? Meeeow." Mrrr. "Meow? Meeeow." Mrrr. Meow mrrr-meow. Mrrr... meeeow. Meeeowu meow.

Mrrrr-meow. "Meow meow!" Mrrr. "Meow? Meeeow." Mrrr. "Meow? Meeeow." Meow meeeow. "Meow? Meeeow." Meow meeeow. "Meow? Meeeow." Meow. "Meow meow!" Mrrr. Meow, meow. "Meow meow!" Meow meeeow. "Meow? Meeeow." Mrrr.

Mrrr... meeeow. Meow meow meeeow. Mrrr... meeeow. Mrrrr-meow. Meow mrrr meeeow. Mrrrr-meow. Meow mrrr meeeow. Meow meow meeeow. "Meow? Meeeow." Meow.

# Meow 6: Meow

"MEOOOW!" Mrrr. "Meow? Meeeow." Mrrr. Meow mrrr-meow. "MEOOOW!" Meow. "MEOOOW!" Meow. "MEOOOW!" Meow meeeow. Mrrr... meeeow.

Meeeowu meow. Mrrr... meeeow. Mrrr... meeeow. Meow meow meeeow. Meow mrrr meeeow. Meow mrrr meeeow. Meow, meow. Meow meow meeeow.

Meeeowu meow. "Meow? Meeeow." Mrrr. "MEOOOW!" Mrrr. Mrrrr-meow. "MEOOOW!" Mrrr. Mrrr... meeeow. "Meow meow!" Meow. Meow, meow.

"MEOOOW!" Mrrr. Meow mrrr-meow. Meow, meow. Meeeowu meow. Meow mrrr meeeow. Meow mrrr meeeow. "Meow meow!" Meow. "Meow meow!" Mrrr. "MEOOOW!" Mrrr. "MEOOOW!" Mrrr. Meow mrrr meeeow. Meeeowu meow. "Meow meow!" Meow meeeow. "Meow? Meeeow." Meow meeeow.

Mrrr... meeeow. Meow mrrr-meow. Meow mrrr-meow. Meow mrrr meeeow. Mrrrr-meow. Meow, meow. Mrrrr-meow. Meow, meow. Meow mrrr-meow.

Meow meow meeeow. "MEOOOW!" Meow. Meow mrrr-meow. Meow, meow. "Meow? Meeeow." Meow.

"MEOOOW!" Meow meeeow. Meow meow meeeow. Mrrrr-meow. "MEOOOW!" Meow. "Meow meow!" Mrrr.

Mrrr... meeeow. "MEOOOW!" Meow. Meow meow meeeow. Meow, meow. "MEOOOW!" Meow. Meow meow meeeow. Meow meow meeeow. "Meow? Meeeow." Meow. "Meow? Meeeow." Meow.

Meow meow meeeow. Meow meow meeeow. "Meow meow!" Mrrr.

Mrrr… meeeow. "Meow meow!" Meow meeeow.

Meow mrrr-meow. Mrrr… meeeow. Meow, meow. Mrrrr-meow.

Meow mrrr-meow. Meow mrrr-meow. "Meow? Meeeow." Meow meeeow. Mrrrr-meow. Meow meow meeeow. Meow, meow. "Meow? Meeeow." Mrrr. Mrrr… meeeow.

Mrrr… meeeow. "MEOOOW!" Meow. Mrrr… meeeow. "MEOOOW!" Mrrr. Mrrr… meeeow. Meow meow meeeow.

Meow mrrr meeeow. Meow, meow. "MEOOOW!" Meow meeeow. Mrrr… meeeow.

"Meow meow!" Meow meeeow. Mrrrr-meow. "Meow? Meeeow." Meow. Meeeowu meow.

Meow mrrr meeeow. Mrrrr-meow. Mrrrr-meow. Mrrr… meeeow. Meeeowu meow. Meow mrrr meeeow. "Meow? Meeeow." Mrrr. Meow meow meeeow. "MEOOOW!" Meow meeeow. "Meow? Meeeow." Meow. "Meow? Meeeow." Mrrr. Meow mrrr-meow. Meow meow meeeow. "MEOOOW!" Meow meeeow. "Meow meow!" Meow. rrrr-meow. "MEOOOW!" Mrrr. "MEOOOW!" Meow meeeow. "Meow? Meeeow." Meow. "Meow? Meeeow." Meow meeeow. Meow mrrr-meow. Mrrrr-meow. Mrrr… meeeow. "Meow meow!" Meow. "Meow meow!" Meow. "Meow meow!" Meow. "MEOOOW!" Meow. "Meow meow!" Meow. "MEOOOW!" Meow. Meow mrrr-meow. Meow meow meeeow.

Meeeowu meow. Meow meow meeeow. Mrrrr-meow. Meow mrrr meeeow. "MEOOOW!" Meow. Mrrr… meeeow. Meeeowu meow. Meeeowu meow. Meow, meow. Mrrr… meeeow.

Meeeowu meow. "Meow meow!" Meow. Meow mrrr-meow. Mrrr… meeeow. Mrrrr-meow. "Meow meow!" Meow. Meow, meow. Meow mrrr meeeow. Meow mrrr-meow. Mrrr… meeeow.

Meow mrrr meeeow. Meow meow meeeow. Meow mrrr meeeow. Meow mrrr meeeow. Mrrr... meeeow.

Meow mrrr-meow. Mrrr... meeeow. Mrrr... meeeow. "Meow meow!" Meow meeeow. Meow mrrr meeeow. Mrrr... meeeow. Meow, meow. "Meow? Meeeow." Meow meeeow. Mrrr... meeeow.

Meeeowu meow. "Meow meow!" Meow meeeow. "MEOOOW!" Meow meeeow. "Meow? Meeeow." Meow. "MEOOOW!" Meow meeeow. Meeeowu meow.

"MEOOOW!" Mrrr. Meeeowu meow. Mrrr... meeeow. "Meow? Meeeow." Mrrr. "Meow meow!" Meow. "Meow? Meeeow." Meow. "MEOOOW!" Meow meeeow. Meow mrrr meeeow. "Meow meow!" Meow. "MEOOOW!" Mrrr.

Mrrr... meeeow. Mrrrr-meow. Mrrr... meeeow. Meow mrrr meeeow. Mrrrr-meow. "MEOOOW!" Mrrr. "Meow? Meeeow." Meow. "Meow? Meeeow." Meow. "Meow meow!" Meow. "MEOOOW!" Meow.

Mrrr... meeeow. Mrrrr-meow. Meow mrrr meeeow. "Meow? Meeeow." Meow meeeow.

"Meow? Meeeow." Meow. "Meow meow!" Meow meeeow. Meow mrrr-meow. "Meow meow!" Mrrr. Meow meow meeeow. "MEOOOW!" Mrrr. Meow mrrr-meow. Meow, meow. Mrrrr-meow.

Mrrrr-meow. Meeeowu meow. Mrrr... meeeow. Meow mrrr meeeow. Meeeowu meow. Meow mrrr meeeow. "MEOOOW!" Meow meeeow. "Meow? Meeeow." Meow.

Meow mrrr meeeow. Meow mrrr-meow. Mrrrr-meow. Meow mrrr meeeow. "Meow meow!" Meow meeeow. Meow mrrr-meow. Meow meow meeeow. "Meow meow!" Meow meeeow.

Meow meow meeeow. "MEOOOW!" Meow. Meeeowu meow. Mrrrr-meow. Meow, meow.

Mrrr... meeeow. “MEOOOW!” Meow meeeow. “Meow? Meeeow.” Meow. “Meow? Meeeow.” Mrrr. “MEOOOW!” Meow. Meow meow meeeow. “Meow? Meeeow.” Meow. Meeeowu meow.

“Meow meow!” Meow. Meeeowu meow. Meeeowu meow. “Meow meow!” Meow meeeow.

Mrrr... meeeow. Meow meow meeeow. “MEOOOW!” Mrrr. Meeeowu meow.

Meow mrrr-meow. “Meow meow!” Mrrr. Meow mrrr-meow. “MEOOOW!” Mrrr. “Meow meow!” Meow. “Meow? Meeeow.” Meow meeeow.

“Meow? Meeeow.” Meow meeeow. Meow mrrr-meow. “Meow? Meeeow.” Mrrr. Meow mrrr-meow. Meow mrrr meeeow. “Meow meow!” Meow meeeow.

“Meow meow!” Meow meeeow. “Meow meow!” Mrrr. “Meow? Meeeow.” Meow meeeow. “MEOOOW!” Meow.

Mrrr... meeeow. Meow mrrr meeeow. “MEOOOW!” Meow meeeow. “Meow meow!” Mrrr. “Meow? Meeeow.” Meow. “Meow? Meeeow.” Mrrr. Meeeowu meow. “MEOOOW!” Meow.

Mrrr... meeeow. Meow, meow. Meeeowu meow. “Meow meow!” Mrrr. “Meow meow!” Meow. Meeeowu meow. “MEOOOW!” Meow. Meow meow meeeow. Meeeowu meow.

Mrrr... meeeow. Meow mrrr-meow. Mrrr... meeeow. Meow, meow. Mrrr... meeeow. Meeeowu meow. “Meow meow!” Meow meeeow. Meeeowu meow.

Mrrrr-meow. Meeeowu meow. Meeeowu meow. “Meow? Meeeow.”

Mrrr.

Meow meow meeeow. Mrrrr-meow. Mrrr... meeeow. Meow mrrr meeeow. "Meow meow!" Meow. Mrrr... meeeow. Mrrr... meeeow. Meow mrrr-meow. Mrrrr-meow. "Meow? Meeeow." Mrrr.

"Meow? Meeeow." Meow meeeow. Mrrr... meeeow. "Meow? Meeeow." Mrrr. "MEOOOW!" Meow meeeow. "MEOOOW!" Meow. Meow meow meeeow. "MEOOOW!" Mrrr. "Meow meow!" Meow. Meow, meow. Meow meow meeeow.

Meow mrrr meeeow. Meow mrrr-meow. Meow, meow. "Meow? Meeeow." Meow. "Meow meow!" Meow meeeow. "Meow? Meeeow." Meow meeeow. "MEOOOW!" Meow meeeow.

Meow, meow. Mrrr... meeeow. Meeeowu meow. Meow mrrr-meow.

Meow meow meeeow. Mrrrr-meow. Meow mrrr-meow. Mrrr... meeeow. Meow meow meeeow. "Meow? Meeeow." Mrrr. "MEOOOW!" Meow meeeow.

Meow mrrr-meow. "Meow? Meeeow." Meow meeeow. Mrrrr-meow. "Meow? Meeeow." Meow meeeow.

"Meow? Meeeow." Meow meeeow. "Meow? Meeeow." Meow meeeow. "Meow meow!" Meow. Mrrr... meeeow. Meow meow meeeow.

"Meow meow!" Meow. Meeeowu meow. Meeeowu meow. "Meow meow!" Meow.

Mrrrr-meow. Meow mrrr meeeow. "MEOOOW!" Meow meeeow. Mrrr... meeeow. Mrrrr-meow. Meow meow meeeow. Meow meow meeeow.

"MEOOOW!" Meow. Meeeowu meow. Meow meow meeeow. "MEOOOW!" Meow. "MEOOOW!" Meow. Meow, meow.

"Meow? Meeeow." Meow meeeow. Meow mrrr-meow. Meow mrrr-meow. Meow mrrr meeeow. Meow meow meeeow. Mrrr... meeeow.

Meow mrrr-meow. "MEOOOW!" Meow meeeow. Meeeowu meow. Meow meow meeeow. Meeeowu meow. "MEOOOW!" Meow. Meow mrrr-meow. Meow mrrr-meow. Meow mrrr-meow. "Meow meow!" Mrrr.

Mrrr... meeeow. Meow mrrr-meow. Meow mrrr-meow. "Meow? Meeeow." Mrrr. Meow mrrr meeeow. Meow, meow. Meow, meow. Mrrr... meeeow. Meow meow meeeow.

"Meow? Meeeow." Mrrr. "Meow? Meeeow." Meow. Meow meow meeeow. Meow mrrr-meow. Meow meow meeeow. "Meow meow!" Mrrr.

"Meow meow!" Meow meeeow. Meow mrrr meeeow. "Meow? Meeeow." Mrrr. Mrrrr-meow. Meeeowu meow. Meow mrrr-meow. Mrrrr-meow. Mrrr... meeeow. Meow mrrr-meow.

Mrrr... meeeow. Meow mrrr meeeow. Meow meow meeeow. Mrrr... meeeow. Meow mrrr-meow. "MEOOOW!" Meow. Mrrrr-meow. Mrrrr-meow. Meow mrrr-meow.

"Meow meow!" Meow. Mrrr... meeeow. "Meow? Meeeow." Mrrr. "Meow? Meeeow." Meow. Meow, meow. Mrrr... meeeow. Meow mrrr meeeow. Mrrrr-meow. Mrrrr-meow. "MEOOOW!" Meow meeeow.

Meow meow meeeow. Meow mrrr meeeow. Meow mrrr-meow. "Meow meow!" Mrrr. Meow mrrr-meow.

"Meow? Meeeow." Meow. Mrrr... meeeow. Meow, meow. Meow mrrr meeeow. Mrrrr-meow. "Meow meow!" Meow. Meow mrrr meeeow. Mrrrr-meow. Meow, meow.

Meow, meow. "Meow meow!" Meow meeeow. Meow meow meeeow.

Meow mrrr-meow. Mrrr... meeeow. "Meow? Meeeow." Mrrr. Mrrr... meeeow. Meow mrrr meeeow. Meow mrrr-meow.

"Meow? Meeeow." Mrrr. Meow mrrr-meow. Meow mrrr-meow. Meow mrrr meeeow.

"Meow meow!" Meow. Meeeowu meow. "MEOOOW!" Meow meeeow. "Meow? Meeeow." Meow meeeow. Meow mrrr meeeow. Meow mrrr meeeow. Mrrrr-meow.

"Meow? Meeeow." Mrrr. Meow, meow. Mrrrr-meow. Mrrr... meeeow. Meow mrrr meeeow. Mrrrr-meow. "Meow meow!" Meow meeeow. Meow mrrr meeeow. Meow mrrr meeeow. Meow meow meeeow.

"Meow? Meeeow." Meow. Meow mrrr meeeow. "MEOOOW!" Mrrr. "MEOOOW!" Meow.

Meow mrrr-meow. Meow meow meeeow. Meeeowu meow. Meow mrrr meeeow. Meow mrrr-meow. Mrrr... meeeow. Meow mrrr meeeow. Meow mrrr-meow.

Meow mrrr meeeow. "Meow meow!" Meow. Mrrrr-meow. Meow mrrr meeeow. "Meow? Meeeow." Meow meeeow.

"Meow? Meeeow." Mrrr. "Meow meow!" Meow meeeow. Meeeowu meow. Meow meow meeeow. Meow, meow.

Mrrr... meeeow. Meow mrrr meeeow. Meow meow meeeow. Mrrrr-meow. Meeeowu meow. "Meow? Meeeow." Meow. Mrrr... meeeow.

Meow, meow. "Meow? Meeeow." Meow meeeow. "Meow meow!" Mrrr. Meow mrrr-meow. Meow mrrr meeeow. Meeeowu meow.

Mrrrr-meow. Meow meow meeeow. Meow meow meeeow. Meow mrrr-meow. Meow mrrr-meow.

"MEOOOW!" Meow. "Meow? Meeeow." Meow meeeow. Mrrr... meeeow. Mrrrr-meow. "MEOOOW!" Meow. "MEOOOW!" Mrrr.

Meow meow meeeow. Meow, meow. Meow mrrr meeeow. Meow, meow.

Mrrrr-meow. Meow mrrr meeeow. Meow, meow. "Meow meow!" Meow meeeow. Meow mrrr meeeow. Meow mrrr-meow.

Meow mrrr-meow. Meeeowu meow. Meow meow meeeow. Mrrrr-meow. Meow, meow. Mrrr... meeeow.

Meow meow meeeow. Meow mrrr-meow. Meow meow meeeow. Meow mrrr meeeow. Mrrrr-meow.

Meow mrrr meeeow. Meow, meow. Mrrrr-meow. Meow mrrr meeeow. Meow mrrr meeeow. Meow, meow. Meow, meow. Meow mrrr-meow. Meow mrrr-meow.

Mrrr... meeeow. "Meow? Meeeow." Meow meeeow. "Meow meow!" Meow meeeow. "Meow meow!" Meow meeeow.

Meow, meow. Meow, meow. Meow meow meeeow. Meow mrrr-meow. "Meow? Meeeow." Meow meeeow. Meow mrrr-meow.

Meow, meow. Meow mrrr meeeow. Meow meow meeeow. Mrrr... meeeow. Meow mrrr-meow. Meow mrrr meeeow. Meow mrrr meeeow. "Meow meow!" Meow meeeow. Mrrr... meeeow.

Mrrr... meeeow. "MEOOOW!" Meow meeeow. Meow mrrr meeeow. Meow mrrr-meow. Meeeowu meow. Meow, meow.

Mrrr... meeeow. Meow mrrr meeeow. Meow mrrr-meow. Meow mrrr-meow. Mrrrr-meow.

"Meow meow!" Mrrr. Mrrr... meeeow. Meow mrrr-meow. Mrrrr-meow.

Mrrr... meeeow. Meow, meow. "Meow? Meeeow." Meow. "MEOOOW!" Meow meeeow. "Meow meow!" Mrrr. "MEOOOW!" Meow meeeow. Meow mrrr-meow. Meow, meow. Mrrr... meeeow.

"MEOOOW!" Meow. Meeeowu meow. Mrrr... meeeow. Mrrr... meeeow. "MEOOOW!" Meow meeeow.

"Meow? Meeeow." Meow. Meow, meow. Mrrrr-meow. "Meow meow!" Mrrr.

"MEOOOW!" Meow. Meeeowu meow. "Meow? Meeeow." Mrrr. Meow mrrr meeeow. "Meow? Meeeow." Mrrr. "MEOOOW!" Mrrr. Meow meow meeeow. Mrrrr-meow.

"Meow meow!" Meow meeeow. Meeeowu meow. "Meow? Meeeow." Meow. Meow mrrr-meow. Meow mrrr meeeow. Meow mrrr-meow. Mrrr... meeeow. "MEOOOW!" Meow meeeow.

"Meow meow!" Meow meeeow. Mrrr... meeeow. "MEOOOW!" Mrrr. Meow mrrr meeeow. Meow mrrr-meow. Mrrr... meeeow. "Meow? Meeeow." Meow.

Meeeowu meow. Meeeowu meow. "Meow? Meeeow." Meow meeeow. "MEOOOW!" Meow meeeow. Meow, meow. Meow, meow. Meow, meow. Mrrrr-meow. Meow, meow. "MEOOOW!" Meow.

Mrrr... meeeow. Meow mrrr-meow. Meow mrrr-meow. Mrrrr-meow. "Meow? Meeeow." Mrrr. Mrrr... meeeow. Meow meow meeeow.

Meow mrrr meeeow. Meow mrrr-meow. Meow meow meeeow. Meow mrrr meeeow. Meow meow meeeow. Mrrrr-meow.

Meow mrrr-meow. Meow mrrr meeeow. "MEOOOW!" Mrrr. Meow, meow. Meow, meow. "Meow meow!" Mrrr. Mrrr... meeeow.

Meeeowu meow. Meeeowu meow. "MEOOOW!" Meow. Meow mrrr-meow.

Meow, meow. "MEOOOW!" Meow meeeow. Meow mrrr-meow. Meow meow meeeow. Mrrrr-meow.

Meow meow meeeow. Mrrrr-meow. Meow, meow. "MEOOOW!" Meow. Mrrr... meeeow.

"MEOOOW!" Meow. "Meow? Meeeow." Meow meeeow. Meow meow meeeow. Meow meow meeeow. Meow mrrr-meow. Meeeowu meow.

"MEOOOW!" Meow meeeow. Meow meow meeeow. Mrrr... meeeow. "MEOOOW!" Mrrr. Meow, meow. Meow mrrr meeeow.

"Meow meow!" Mrrr. Meow mrrr-meow. Mrrrr-meow. Meow, meow. "Meow meow!" Meow. Meeeowu meow. "Meow meow!" Meow. "Meow meow!" Meow meeeow.

Meeeowu meow. Meow mrrr meeeow. Meeeowu meow. Meeeowu meow.

Meow mrrr-meow. "Meow? Meeeow." Meow. Meeeowu meow. Meow mrrr meeeow. Meow mrrr meeeow. Mrrr... meeeow. Mrrr... meeeow. "Meow? Meeeow." Meow meeeow.

"Meow? Meeeow." Meow meeeow. Mrrrr-meow. Meeeowu meow. "MEOOOW!" Meow meeeow. Meow mrrr-meow. "Meow? Meeeow." Meow meeeow. "Meow? Meeeow." Meow.

Meow, meow. "MEOOOW!" Meow. "Meow? Meeeow." Mrrr. "Meow meow!" Mrrr. Meow mrrr meeeow. Mrrrr-meow. "Meow meow!" Meow. Meow meow meeeow.

Meow mrrr meeeow. Meow mrrr-meow. Meow meow meeeow. Mrrr... meeeow. Mrrr... meeeow. Meow mrrr-meow. "Meow? Meeeow." Meow meeeow. "Meow? Meeeow." Mrrr. Meeeowu meow. Mrrrr-meow.

Meow meow meeeow. "MEOOOW!" Meow. "Meow? Meeeow." Meow. "Meow? Meeeow." Meow meeeow. Meeeowu meow. "MEOOOW!" Mrrr.

"Meow meow!" Meow. "MEOOOW!" Meow meeeow. Meow mrrr meeeow. Mrrr... meeeow. Meow mrrr-meow. Mrrrr-meow. Meow mrrr meeeow. Meow meow meeeow. Mrrr... meeeow. Mrrr... meeeow.

Meow meow meeeow. "MEOOOW!" Mrrr. Meow meow meeeow. "Meow? Meeeow." Mrrr. Meow mrrr meeeow. Meow mrrr-meow. "MEOOOW!" Meow. "MEOOOW!" Meow.

Meow mrrr-meow. Mrrrr-meow. Meow, meow. "Meow? Meeeow." Mrrr. Meow meow meeeow.

Meow mrrr-meow. "Meow meow!" Meow meeeow. "MEOOOW!" Meow meeeow. "Meow? Meeeow." Meow. Mrrrr-meow. "Meow? Meeeow." Mrrr. Meow, meow. "MEOOOW!" Meow meeeow. Meow mrrr meeeow. Mrrrr-meow.

"Meow? Meeeow." Meow meeeow. Meow mrrr-meow. Meow mrrr meeeow. "Meow meow!" Mrrr. Mrrr... meeeow. Mrrr... meeeow. Mrrr... meeeow. Meeeowu meow. Meow, meow. "Meow? Meeeow." Meow meeeow.

"Meow meow!" Mrrr. Mrrr... meeeow. Meow mrrr meeeow. Meow mrrr-meow. Meow, meow. Meeeowu meow. Meow mrrr-meow. Mrrrr-meow. Meow, meow.

Meow mrrr meeeow. "Meow meow!" Meow. Meow meow meeeow. Meow mrrr-meow. Meow, meow. Mrrrr-meow. Meow meow meeeow. "MEOOOW!" Mrrr. Meeeowu meow.

Meeeowu meow. Meow mrrr meeeow. Meow mrrr-meow. "MEOOOW!" Meow. "Meow? Meeeow." Meow meeeow. "Meow meow!" Meow meeeow. Meeeowu meow.

Meow meow meeeow. Meow meow meeeow. “Meow meow!” Meow. Meeeowu meow. “MEOOOW!” Meow. Meow meow meeeow. Meeeowu meow.

Meow, meow. Meow, meow. Mrrrr-meow. Meow mrrr-meow. Meow mrrr-meow. Meow meow meeeow. “Meow? Meeeow.” Meow.

Mrrr… meeeow. “MEOOOW!” Meow. “Meow? Meeeow.” Mrrr. “Meow? Meeeow.” Meow. “Meow meow!” Mrrr. Mrrr… meeeow. “Meow meow!” Meow meeeow. Meow mrrr-meow.

“Meow? Meeeow.” Mrrr. “MEOOOW!” Meow. “MEOOOW!” Meow. Meow, meow. Meeeowu meow. “Meow? Meeeow.” Meow. Meeeowu meow. Meow mrrr-meow.

Meow, meow. Mrrr… meeeow. “Meow? Meeeow.” Meow. Meow mrrr-meow. Mrrr… meeeow. “Meow meow!” Meow. Mrrrr-meow. Meow mrrr-meow. “Meow? Meeeow.” Mrrr. Meow, meow.

“Meow? Meeeow.” Mrrr. “Meow meow!” Meow. Meow meow meeeow. Meeeowu meow. Meow mrrr-meow. “Meow? Meeeow.” Mrrr.

Meow, meow. Meow, meow. Meow mrrr meeeow. “Meow? Meeeow.” Mrrr. Mrrr… meeeow.

Meow, meow. Meow mrrr-meow. “Meow meow!” Meow. Meow mrrr meeeow. Mrrr… meeeow. “Meow meow!” Meow meeeow. Meow mrrr-meow. Mrrr… meeeow. Meow meow meeeow. Mrrrr-meow.

Meow mrrr-meow. Meow mrrr-meow. “MEOOOW!” Mrrr. Meow mrrr meeeow. “MEOOOW!” Meow. Meow mrrr meeeow.

“MEOOOW!” Mrrr. Mrrr… meeeow. Meow mrrr meeeow. Mrrr… meeeow.

Mrrrr-meow. “Meow meow!” Mrrr. Meow, meow. Mrrr… meeeow.

Meeeowu meow.

Meeeowu meow. "Meow? Meeeow." Meow meeeow. "MEOOOW!" Meow meeeow. Meow mrrr meeeow. Meow meow meeeow.

Mrrrr-meow. Mrrrr-meow. "MEOOOW!" Mrrr. Mrrr... meeeow. Mrrrr-meow.

Mrrr... meeeow. Mrrrr-meow. Mrrrr-meow. "MEOOOW!" Mrrr.

Meeeowu meow. Meeeowu meow. Mrrrr-meow. "Meow? Meeeow." Meow. Mrrrr-meow. Meow mrrr meeeow. "Meow? Meeeow." Meow meeeow. Meow meow meeeow.

"Meow? Meeeow." Mrrr. Mrrrr-meow. Meow meow meeeow. Meeeowu meow.

"Meow meow!" Meow. Meow mrrr meeeow. Mrrrr-meow. "Meow meow!" Meow. "MEOOOW!" Meow meeeow. Mrrrr-meow.

Meeeowu meow. Meow mrrr-meow. Meow mrrr-meow. "Meow meow!" Mrrr. Meeeowu meow. Mrrr... meeeow. Mrrr... meeeow. Meeeowu meow. "MEOOOW!" Meow meeeow.

"Meow meow!" Meow. Meeeowu meow. Meow, meow. Meow mrrr meeeow. Mrrrr-meow. Mrrr... meeeow. Meow mrrr-meow.

Mrrr... meeeow. "Meow meow!" Meow. "Meow? Meeeow." Meow. Meow, meow. Meow, meow. Mrrr... meeeow. "Meow meow!" Mrrr. "Meow? Meeeow." Mrrr. Mrrrr-meow.

Meow mrrr-meow. Meow, meow. Meow, meow. Mrrrr-meow. Meow, meow. Meow meow meeeow.

"Meow? Meeeow." Meow. "Meow? Meeeow." Mrrr. "Meow? Meeeow." Mrrr. "Meow meow!" Mrrr. Meow mrrr-meow. "MEOOOW!" Meow.

"Meow? Meeeow." Meow meeeow.

Meow, meow. Mrrrr-meow. "MEOOOW!" Meow meeeow. Meow, meow. "MEOOOW!" Meow.

"MEOOOW!" Mrrr. Meow mrrr meeeow. Mrrr... meeeow. "MEOOOW!" Meow meeeow.

Meow meow meeeow. Mrrrr-meow. Meow, meow. Meow mrrr-meow. Meeeowu meow. Mrrrr-meow. "Meow? Meeeow." Meow. Mrrr... meeeow. "MEOOOW!" Mrrr. Meow, meow.

Meow mrrr-meow. "Meow meow!" Meow meeeow. "Meow? Meeeow." Meow. Meow mrrr-meow. Mrrrr-meow. "Meow meow!" Meow meeeow. Mrrrr-meow. Meow, meow. Meow, meow.

Mrrrr-meow. "Meow meow!" Meow. Meeeowu meow. "Meow? Meeeow." Meow meeeow. Meow mrrr-meow. "Meow meow!" Meow. Mrrr... meeeow.

"MEOOOW!" Meow. "Meow? Meeeow." Meow. Meow mrrr-meow. Meeeowu meow. Mrrrr-meow.

Meow, meow. Meow mrrr-meow. Meow mrrr meeeow. Mrrr... meeeow.

Mrrrr-meow. Mrrrr-meow. Meow mrrr-meow. "Meow? Meeeow." Meow meeeow. Mrrrr-meow. Meow meow meeeow. Mrrr... meeeow.

Meow mrrr-meow. Meow mrrr meeeow. Meow, meow. Meow mrrr meeeow. Meow mrrr meeeow. Meeeowu meow. "MEOOOW!" Meow.

Meow, meow. "Meow? Meeeow." Meow. Meeeowu meow. Mrrrr-meow. Mrrrr-meow. Meeeowu meow.

Meow meow meeeow. "Meow meow!" Meow. Meow mrrr meeeow. Mrrr... meeeow. Mrrr... meeeow. Mrrrr-meow. Meow meow meeeow.

"Meow meow!" Meow. Mrrr... meeeow.

Meow mrrr-meow. "Meow meow!" Meow meeeow. Mrrrr-meow. Meow mrrr-meow. Meow mrrr meeeow.

Meeeowu meow. Meow mrrr meeeow. Meow meow meeeow. "Meow? Meeeow." Mrrr. "Meow meow!" Meow meeeow. Mrrr... meeeow. "MEOOOW!" Meow. Meow meow meeeow. Meow mrrr meeeow.

Meow meow meeeow. Meow, meow. "Meow? Meeeow." Meow meeeow. "Meow meow!" Meow. Mrrr... meeeow. "Meow meow!" Mrrr. Meow mrrr meeeow. Mrrr... meeeow. Meow mrrr-meow.

"Meow? Meeeow." Meow. "MEOOOW!" Meow. Mrrr... meeeow. "Meow? Meeeow." Meow.

"Meow meow!" Mrrr. Meow mrrr-meow. Mrrr... meeeow. Meow mrrr meeeow. Meow, meow. "Meow meow!" Meow. Meeeowu meow. Meow mrrr meeeow. Mrrr... meeeow. Meow meow meeeow.

Meow mrrr-meow. Mrrr... meeeow. "MEOOOW!" Meow. "Meow meow!" Mrrr. Meow mrrr meeeow. "Meow? Meeeow." Meow. Meow, meow. Meow mrrr meeeow. Mrrr... meeeow. Meow mrrr-meow.

Meeeowu meow. Mrrr... meeeow. Meeeowu meow. Mrrr... meeeow. Mrrr... meeeow.

Meow mrrr meeeow. Mrrr... meeeow. Mrrrr-meow. "Meow? Meeeow." Meow meeeow. Mrrrr-meow. Meow mrrr-meow. "Meow meow!" Meow. Meow mrrr meeeow. Mrrr... meeeow. Mrrrr-meow.

Meow mrrr-meow. "MEOOOW!" Meow. Mrrrr-meow. "MEOOOW!" Mrrr. Mrrr... meeeow. Meow, meow. Meow, meow. Meow, meow.

"Meow meow!" Meow. Meow mrrr meeeow. Mrrrr-meow. Meow mrrr meeeow.

Mrrr… meeeow. Meow mrrr meeeow. "Meow? Meeeow." Meow. "MEOOOW!" Meow meeeow. "MEOOOW!" Meow meeeow. "Meow? Meeeow." Mrrr.

Meow meow meeeow. Meow mrrr-meow. Mrrr… meeeow. "MEOOOW!" Meow meeeow. "Meow meow!" Mrrr.

Meow, meow. "Meow meow!" Mrrr. Mrrrr-meow. "MEOOOW!" Mrrr. "MEOOOW!" Mrrr. Meow mrrr-meow.

"Meow? Meeeow." Meow meeeow. Mrrrr-meow. "Meow meow!" Mrrr. "Meow? Meeeow." Meow meeeow. Mrrrr-meow. Meow mrrr meeeow. Meeeowu meow. Mrrr… meeeow. Meeeowu meow. Meow mrrr-meow. Mrrr… meeeow. "MEOOOW!" Meow. "Meow meow!" Mrrr. Meow mrrr meeeow. "Meow? Meeeow." Mrrr… meeeow. Mrrrr-meow. "Meow? Meeeow." Meow meeeow. Mrrrr-meow. Meow mrrr-meow. "Meow meow!" Meow. Meow mrrr meeeow. Mrrr… meeeow. Mrrrr-meow. Meow. Meow, meow. Meow mrrr meeeow. Mrrr… meeeow. Meow mrrr-meow.

Meeeowu meow. Mrrr… meeeow. Meeeowu meow. Mrrr… meeeow. Mrrr… meeeow.

Meow mrrr meeeow. Mrrr… meeeow. Mrrrr-meow. "Meow? Meeeow." Meow meeeow. Mrrrr-meow. Meow mrrr-meow. "Meow meow!" Meow. Meow mrrr meeeow. Mrrr… meeeow. Mrrrr-meow.

Meow mrrr-meow. "MEOOOW!" Meow. Mrrrr-meow. "MEOOOW!" Mrrr. Mrrr… meeeow. Meow, meow. Meow, meow. Meow, meow.

# Meow 7: Meow meeeow Meow

"Meow meow!" Meow. Meow mrrr-meow. Meow mrrr meeeow. Meow mrrr-meow.

Mrrr... meeeow. "Meow meow!" Meow meeeow. Mrrr... meeeow. Meow meow meeeow. Meow, meow. "Meow? Meeeow." Meow. Meow mrrr meeeow. "Meow? Meeeow." Meow meeeow.

Mrrrr-meow. Meow mrrr meeeow. Meow mrrr meeeow. Meow, meow. Meow meow meeeow. "Meow? Meeeow." Meow. Meow mrrr-meow. Mrrr... meeeow. "Meow? Meeeow." Meow meeeow. Meow mrrr-meow. "MEOOOW!" Meow meeeow. Mrrrr-meow. Meow meow meeeow.

Mrrrr-meow. Mrrrr-meow. Meow, meow. "MEOOOW!" Meow meeeow.

"MEOOOW!" Meow. Meeeowu meow. Meow mrrr-meow. Meeeowu meow. Mrrr... meeeow. "Meow meow!" Meow. Meeeowu meow. Meeeowu meow. "Meow? Meeeow." Mrrr.

Mrrr... meeeow. Mrrrr-meow. Meow meow meeeow. "MEOOOW!" Meow meeeow. Meow, meow. Mrrrr-meow. "Meow meow!" Meow meeeow.

Meow mrrr-meow. "Meow? Meeeow." Mrrr. "Meow meow!" Mrrr. Meow meow meeeow. Meow mrrr meeeow. Mrrr... meeeow. Meow, meow. Meow mrrr-meow. Meow mrrr meeeow. Mrrr... meeeow. "MEOOOW!" Mrrr. Mrrrr-meow. "Meow? Meeeow." Meow. Meow meow meeeow. "Meow? Meeeow." Meow. "Meow meow!" Meow meeeow. "MEOOOW!" Meow meeeow. Meeeowu meow. Meow mrrr-meow.

"Meow meow!" Meow. Meeeowu meow. "Meow meow!" Meow. Meow, meow. Meow mrrr meeeow. "MEOOOW!" Meow meeeow. Mrrrr-meow. "Meow meow!" Meow meeeow.

"Meow meow!" Meow. Mrrrr-meow. Meow mrrr meeeow. Meow mrrr meeeow.

"Meow? Meeeow." Meow. Meow mrrr meeeow. Meow mrrr meeeow. "MEOOOW!" Meow meeeow. "Meow meow!" Meow meeeow.

Mrrrr-meow. Meeeowu meow. Meow meow meeeow. Meow mrrr meeeow. Mrrrr-meow. Meow meow meeeow. Meow mrrr meeeow. Meow meow meeeow. Meow meow meeeow.

Meow mrrr-meow. "Meow meow!" Meow meeeow. Meeeowu meow. Mrrr... meeeow. Meow mrrr meeeow. Meow mrrr-meow. "Meow meow!" Mrrr. Meow mrrr-meow. Meow, meow. Meow, meow. Meow meow meeeow. Meow meow meeeow. Meow, meow. Meow, meow. Meeeowu meow. "Meow meow!" Meow meeeow. Mrrrr-meow. "Meow? Meeeow." Meow meeeow. Mrrr... meeeow. Meow, meow. Mrrrr-meow. "Meow? Meeeow." Mrrr. Meeeowu meow. "Meow meow!" Mrrr. Meow mrrr-meow. "MEOOOW!" Meow. Mrrr... meeeow. Mrrr... meeeow. Meow mrrr meeeow. "Meow meow!" Meow. Meow mrrr-meow. Mrrrr-meow. Meow, meow. Meeeowu meow. Meow meow meeeow. Meow meow meeeow. Mrrrr-meow. Meeeowu meow. "Meow meow!" Mrrr. "MEOOOW!" Meow meeeow. Meow, meow. "Meow? Meeeow." Mrrr. Meow, meow. Meow mrrr meeeow. Mrrrr-meow. Meow meow meeeow.

Meeeowu meow. Mrrr... meeeow. Mrrrr-meow. Meeeowu meow. Mrrrr-meow.

Mrrr... meeeow. Meow mrrr-meow. "Meow meow!" Mrrr. Meeeowu meow.

Meow meow meeeow. Meeeowu meow. "Meow? Meeeow." Meow. Meow, meow. "Meow? Meeeow." Meow meeeow. Meeeowu meow.

Meow meow meeeow. "Meow? Meeeow." Meow meeeow. "Meow? Meeeow." Meow meeeow. "Meow meow!" Meow meeeow.

"Meow meow!" Meow. "MEOOOW!" Mrrr. "MEOOOW!" Mrrr. Meow mrrr meeeow.

"Meow? Meeeow." Mrrr. "Meow? Meeeow." Meow. Meow meow meeeow. "MEOOOW!" Meow meeeow. "Meow? Meeeow." Mrrr. Mrrr... meeeow.

Meow, meow. Meow, meow. Mrrrr-meow. Mrrr... meeeow. "Meow meow!" Meow meeeow.

Meow mrrr meeeow. "Meow? Meeeow." Meow meeeow. Meow mrrr meeeow. Meow meow meeeow. Meow, meow. "MEOOOW!" Meow meeeow. Mrrrr-meow. Meow mrrr-meow. Meow meow meeeow. Mrrrr-meow. Meow mrrr-meow. Meeeowu meow. Meeeowu meow. Meow meow meeeow. "Meow? Meeeow." Meow meeeow. "Meow meow!" Mrrr. Meow, meow. Meow meow meeeow. Meow mrrr meeeow. Meow, meow. Meow mrrr-meow. "MEOOOW!" Mrrr. Meeeowu meow. Meow, meow. "Meow meow!" Mrrr. "MEOOOW!" Meow. Mrrr... meeeow. Mrrrr-meow. Meow mrrr meeeow. Mrrr... meeeow. "Meow? Meeeow." Meow. Mrrr... meeeow. Meow meow meeeow. Meow meow meeeow. Mrrr... meeeow. "MEOOOW!" Meow meeeow. "Meow meow!" Mrrr.

Meow meow meeeow. Meow mrrr meeeow. "MEOOOW!" Meow meeeow. Meeeowu meow. Mrrrr-meow. Meow mrrr meeeow. Mrrrr-meow.

Meow mrrr-meow. "Meow meow!" Meow meeeow. "Meow meow!" Meow meeeow. Meow mrrr-meow. Meow, meow. Meow meow meeeow. Meow mrrr meeeow.

Meow meow meeeow. Meeeowu meow. Mrrr... meeeow. Mrrr... meeeow. "MEOOOW!" Meow meeeow. Meow meow meeeow.

"Meow meow!" Meow meeeow. Meow meow meeeow. Meow meow meeeow. Mrrrr-meow. "Meow meow!" Meow meeeow. Meow, meow. "Meow meow!" Mrrr. Meow mrrr meeeow. Mrrrr-meow. Meow meow meeeow.

Meow mrrr-meow. "Meow meow!" Meow. Meow mrrr meeeow. Meow mrrr meeeow. Mrrrr-meow. "Meow? Meeeow." Meow meeeow.

Meow mrrr meeeow. "Meow? Meeeow." Meow meeeow. Meow, meow. Mrrr... meeeow.

Meow meow meeeow. Mrrr... meeeow. Mrrr... meeeow. Meow mrrr-meow. "Meow? Meeeow." Mrrr. Meow mrrr meeeow. "Meow meow!" Meow. Mrrrr-meow. Meow mrrr-meow.

Mrrr... meeeow. "Meow? Meeeow." Mrrr. "Meow? Meeeow." Meow. Meow meow meeeow. Meow mrrr-meow. "Meow? Meeeow." Mrrr. Meow meow meeeow. "Meow? Meeeow." Meow meeeow. Meow meow meeeow. "MEOOOW!" Mrrr. Meow mrrr-meow. Meow, meow. Meow, meow. Meow, meow. "Meow? Meeeow." Meow. Meow meow meeeow. Meow meow meeeow. Meeeowu meow. Meow meow meeeow. "Meow meow!" Meow meeeow. Meeeowu meow. Mrrrr-meow. "Meow? Meeeow." Meow. "Meow? Meeeow." Meow meeeow. Meow mrrr-meow.

Mrrr... meeeow. "Meow? Meeeow." Meow meeeow. Mrrrr-meow. Mrrr... meeeow. Mrrr... meeeow. Meow, meow. Meeeowu meow. Meow mrrr-meow. Meeeowu meow. Meow mrrr-meow.

Mrrrr-meow. "Meow meow!" Mrrr. Meeeowu meow. Meow meow meeeow. Meow meow meeeow. Meow mrrr meeeow. Meow, meow.

Meow meow meeeow. Meeeowu meow. Mrrr... meeeow. Meow mrrr meeeow. "Meow? Meeeow." Meow meeeow. "Meow meow!" Meow. Meow meow meeeow. "Meow? Meeeow." Meow meeeow. Mrrrr-meow. "Meow? Meeeow." Meow.

"MEOOOW!" Meow. Meow, meow. Mrrr... meeeow. Mrrrr-meow. Meow meow meeeow. Meeeowu meow. "Meow meow!" Meow. "Meow? Meeeow." Meow meeeow. Meow meow meeeow.

Meow mrrr-meow. Meow meow meeeow. Meow, meow. "MEOOOW!" Meow. Meow, meow. Meow, meow. "Meow? Meeeow." Meow. Meow meow meeeow.

Meow mrrr meeeow. "Meow meow!" Meow meeeow. Meow meow meeeow. Meow meow meeeow. Meow, meow. Meow mrrr-meow. Mrrrr-meow. Mrrrr-meow. "MEOOOW!" Meow.

Meow mrrr meeeow. Meow meow meeeow. Meeeowu meow. Meow mrrr meeeow. "MEOOOW!" Mrrr.

"Meow meow!" Meow. Mrrr... meeeow. Meow, meow. Meow mrrr-meow. Meow meow meeeow. Mrrr... meeeow. Meow, meow.

Meow meow meeeow. Meeeowu meow. Meow, meow. "MEOOOW!" Mrrr. "Meow meow!" Meow. Meow mrrr-meow. Mrrr... meeeow. Mrrrr-meow. Mrrr... meeeow. Meow, meow. Meow meow meeeow. Meow meow meeeow. Meow mrrr meeeow. Meow mrrr-meow. Meow mrrr meeeow. "MEOOOW!" Meow. Mrrrr-meow. Mrrrr-meow. Meow mrrr meeeow. Meow meow meeeow.

Mrrr... meeeow. Meow, meow. Meow mrrr-meow. Meow mrrr-meow. Meow mrrr meeeow. Meow meow meeeow. Meeeowu meow. "Meow? Meeeow." Meow meeeow. Meeeowu meow. Mrrrr-meow. Mrrrr-meow. Meeeowu meow. Meow mrrr-meow.

Meow meow meeeow. Meow, meow. "Meow meow!" Meow meeeow. "Meow meow!" Meow meeeow. "MEOOOW!" Meow.

Meow mrrr meeeow. "MEOOOW!" Mrrr. Meow mrrr-meow. Meow, meow. Meeeowu meow. Meow meow meeeow. "Meow meow!" Meow meeeow.

Meow mrrr-meow. "Meow? Meeeow." Mrrr. "Meow meow!" Meow meeeow. Meow mrrr-meow. "Meow? Meeeow." Meow. Meow, meow. "MEOOOW!" Meow meeeow.

Meow mrrr meeeow. "MEOOOW!" Meow meeeow. Meeeowu meow. Mrrrr-meow. Meow mrrr meeeow. "MEOOOW!" Meow meeeow. "Meow? Meeeow." Meow meeeow. "MEOOOW!" Mrrr.

Meow mrrr meeeow. Mrrr... meeeow. "MEOOOW!" Meow. "MEOOOW!" Mrrr. "Meow? Meeeow." Meow.

"Meow meow!" Mrrr. "MEOOOW!" Meow. "Meow? Meeeow." Meow meeeow. "Meow meow!" Meow. Mrrr... meeeow. Meow mrrr-meow. "MEOOOW!" Mrrr. Mrrrr-meow. Meow mrrr meeeow. Meow meow meeeow.

Meeeowu meow. Meow, meow. Mrrr... meeeow. Meow meow meeeow. "Meow meow!" Meow meeeow. Mrrrr-meow. Mrrr... meeeow.

Meow mrrr-meow. "MEOOOW!" Meow. "MEOOOW!" Meow meeeow. Meow meow meeeow. "Meow meow!" Meow meeeow. Meeeowu meow.

Meow meow meeeow. Mrrrr-meow. "Meow meow!" Meow meeeow. Mrrrr-meow. Meow meow meeeow. Meeeowu meow. Meow meow meeeow. Meow meow meeeow. "Meow meow!" Meow meeeow. Meow mrrr meeeow.

Meow, meow. "Meow? Meeeow." Mrrr. Meow meow meeeow. Mrrr... meeeow. "MEOOOW!" Meow meeeow. "MEOOOW!" Meow. Meeeowu meow.

Mrrr... meeeow. "Meow? Meeeow." Mrrr. Mrrrr-meow. Meow mrrr-meow. Mrrr... meeeow. Meow meow meeeow. Meow mrrr meeeow. Meow mrrr-meow. Mrrr... meeeow.

Mrrrr-meow. "Meow? Meeeow." Meow meeeow. Meow meow meeeow.

Meow meow meeeow. Meow mrrr meeeow. Meeeowu meow. Mrrr... meeeow. Mrrr... meeeow. "Meow? Meeeow." Meow meeeow. Meow, meow. "Meow meow!" Meow. Meow mrrr-meow.

Mrrr... meeeow. Meow mrrr-meow. Meow mrrr-meow. "MEOOOW!" Mrrr. Meow mrrr meeeow. Meow, meow. Meow mrrr meeeow. Meow meow meeeow. Meow, meow.

Meow meow meeeow. "MEOOOW!" Meow. Meow mrrr meeeow. Meow mrrr meeeow. Meow mrrr-meow. "MEOOOW!" Meow. "Meow? Meeeow." Mrrr. "MEOOOW!" Mrrr. Meow meow meeeow.

Meow meow meeeow. Mrrrr-meow. Meow meow meeeow. "MEOOOW!" Mrrr. Meeeowu meow. Meow mrrr meeeow.

Meow mrrr meeeow. Meow mrrr-meow. "MEOOOW!" Meow meeeow. Mrrr... meeeow.

Mrrr... meeeow. "Meow? Meeeow." Mrrr. "MEOOOW!" Mrrr. Mrrrr-meow. "MEOOOW!" Mrrr. Meow mrrr meeeow. Mrrrr-meow. Meow meow meeeow. "Meow? Meeeow." Mrrr.

Meow, meow. Mrrrr-meow. Meow mrrr meeeow. Mrrr... meeeow. "Meow? Meeeow." Meow meeeow. Meow meow meeeow. "Meow meow!" Mrrr. "Meow meow!" Meow.

Meow mrrr-meow. "Meow meow!" Meow meeeow. "Meow? Meeeow." Meow meeeow. "Meow meow!" Meow. Meow, meow. "MEOOOW!" Meow meeeow. Meow, meow. "MEOOOW!" Meow meeeow. "MEOOOW!" Meow meeeow.

Meow meow meeeow. Meow meow meeeow. "Meow? Meeeow." Mrrr. "Meow meow!" Meow. Meow, meow. "Meow? Meeeow." Meow. "Meow? Meeeow." Mrrr. Meow mrrr-meow. Meow, meow.

Mrrrr-meow. Mrrr... meeeow. Meeeowu meow. Meow mrrr-meow.

Meow, meow. Meow, meow. Meeeowu meow. Meow mrrr meeeow. Meow meow meeeow. Meeeowu meow.

"MEOOOW!" Mrrr. "MEOOOW!" Mrrr. Meow mrrr-meow. Meow mrrr-meow. Mrrrr-meow. Meow mrrr meeeow. "Meow meow!" Mrrr. Meow, meow.

"MEOOOW!" Meow meeeow. Meeeowu meow. Meow, meow. "Meow? Meeeow." Meow meeeow. Meow, meow. "Meow meow!" Meow meeeow.

Meow mrrr-meow. Meow meow meeeow. Meow mrrr meeeow. Meow meow meeeow. "MEOOOW!" Meow meeeow. "Meow meow!" Meow meeeow. Meow, meow. Meow, meow.

Meow mrrr meeeow. Meow meow meeeow. "Meow? Meeeow." Mrrr. "MEOOOW!" Mrrr. Mrrr... meeeow. Meow mrrr meeeow. Mrrrr-meow.

"Meow? Meeeow." Meow meeeow. Meow mrrr-meow. Mrrr... meeeow. "Meow meow!" Meow meeeow. Meeeowu meow.

"MEOOOW!" Mrrr. Meow, meow. Mrrrr-meow. Meeeowu meow. "MEOOOW!" Meow meeeow. Meow, meow.

"MEOOOW!" Meow. "Meow meow!" Meow. Meow mrrr meeeow. Meow meow meeeow. Meow mrrr meeeow. "Meow? Meeeow." Meow meeeow. Meow meow meeeow.

Mrrr... meeeow. "MEOOOW!" Meow. "Meow? Meeeow." Meow. Mrrrr-meow. Meow mrrr meeeow. Meow meow meeeow.

Meow, meow. Meow meow meeeow. Mrrr... meeeow. Meow meow meeeow. Meow meow meeeow. Mrrrr-meow. Meow, meow. Mrrrr-meow.

Meeeowu meow. Meow mrrr-meow. "MEOOOW!" Mrrr. Meow, meow.

Mrrrr-meow. Mrrr... meeeow.

Meow meow meeeow. "MEOOOW!" Meow. "Meow meow!" Meow meeeow. Mrrrr-meow.

Meow, meow. "Meow? Meeeow." Meow meeeow. "MEOOOW!" Meow. Meeeowu meow. "Meow meow!" Meow. Meow meow meeeow. Meow meow meeeow.

Meow mrrr-meow. "Meow meow!" Meow meeeow. Meow mrrr-meow. Meow, meow. Meeeowu meow. Meow, meow. Mrrr... meeeow. Mrrrr-meow.

Meow mrrr meeeow. "Meow meow!" Meow. "Meow? Meeeow." Meow. Meow mrrr meeeow. Meow meow meeeow. "Meow? Meeeow." Meow.

Meow mrrr-meow. "MEOOOW!" Mrrr. Mrrr... meeeow. Meow, meow.

Meow mrrr-meow. Mrrrr-meow. Meow mrrr-meow. Meow, meow. Meeeowu meow. Meeeowu meow.

Meow mrrr meeeow. "Meow? Meeeow." Meow. Mrrrr-meow. Mrrr... meeeow. Meow, meow. Mrrr... meeeow. Meow meow meeeow.

Meow, meow. "Meow meow!" Meow meeeow. Meow mrrr meeeow. Meow, meow. "Meow? Meeeow." Mrrr. Mrrrr-meow. "Meow meow!" Meow. Meeeowu meow.

Mrrr... meeeow. "Meow? Meeeow." Meow. Meow mrrr-meow. Meow meow meeeow. Mrrrr-meow. Mrrrr-meow. Meow mrrr-meow. "Meow meow!" Mrrr. Meow meow meeeow. Meow meow meeeow.

Meow, meow. "MEOOOW!" Meow. Meow meow meeeow. Meow meow meeeow. "Meow? Meeeow." Meow meeeow. "MEOOOW!" Mrrr.

Meow mrrr meeeow. Meeeowu meow. "Meow? Meeeow." Meow

meeeow. Mrrr... meeeow. Meow mrrr meeeow. Meow mrrr meeeow. Meow, meow.

"Meow meow!" Meow. "Meow meow!" Meow. Meow mrrr-meow. Meow meow meeeow. Meow meow meeeow. "Meow meow!" Meow.

Meow mrrr meeeow. Meow, meow. Meeeowu meow. "Meow meow!" Meow. Meow meow meeeow. Meow mrrr meeeow. Meow mrrr-meow.

Meow meow meeeow. Meow mrrr-meow. Mrrr... meeeow. "MEOOOW!" Mrrr. Meow mrrr meeeow. Meow mrrr-meow.

Meow meow meeeow. Mrrrr-meow. Meow mrrr-meow. "MEOOOW!" Meow. Meow mrrr meeeow.

Mrrr... meeeow. Meow mrrr meeeow. Meow mrrr-meow. Mrrr... meeeow. "Meow? Meeeow." Meow meeeow. Meow mrrr meeeow. Meeeowu meow. "Meow? Meeeow." Mrrr.

Meeeowu meow. "MEOOOW!" Mrrr. Meeeowu meow. Meow meow meeeow. "Meow? Meeeow." Meow. "Meow meow!" Meow. Meow meow meeeow. Meow mrrr-meow.

Meow, meow. "MEOOOW!" Meow. "Meow meow!" Meow. Mrrrr-meow. "Meow meow!" Meow meeeow. Meeeowu meow. Meeeowu meow. "Meow? Meeeow." Mrrr.

Meow mrrr meeeow. Mrrrr-meow. "MEOOOW!" Meow. "MEOOOW!" Meow meeeow. Meow mrrr-meow. "Meow meow!" Meow. "Meow? Meeeow." Meow meeeow. Meow meow meeeow.

Mrrr... meeeow. "Meow meow!" Mrrr. Meow mrrr meeeow. Mrrr... meeeow. Meeeowu meow. "Meow? Meeeow." Meow. Mrrr... meeeow.

Mrrrr-meow. "Meow? Meeeow." Mrrr. Meeeowu meow. Meeeowu meow. "Meow meow!" Mrrr. Meow mrrr-meow.

Mrrrr-meow. Mrrrr-meow. “Meow meow!” Meow. “Meow? Meeeow.” Meow meeeow. Mrrr… meeeow. Meow meow meeeow. Meow mrrr meeeow. “Meow meow!” Meow meeeow. “Meow? Meeeow.” Meow.

Mrrr… meeeow. Meow meow meeeow. “Meow meow!” Meow. “Meow meow!” Meow. “Meow? Meeeow.” Meow meeeow. Meow mrrr-meow. “MEOOOW!” Meow meeeow. Meow mrrr meeeow.

“Meow? Meeeow.” Meow meeeow. Meeeowu meow. Meow, meow. Mrrr… meeeow. Meow meow meeeow. Mrrr… meeeow. “MEOOOW!” Meow meeeow.

“Meow meow!” Meow meeeow. Meow mrrr-meow. Meow meow meeeow. Mrrrr-meow. Meow mrrr-meow. Mrrrr-meow. Meow, meow. Mrrrr-meow. Meeeowu meow. Meow mrrr-meow.

“Meow? Meeeow.” Mrrr. “MEOOOW!” Meow meeeow. “Meow? Meeeow.” Meow. “Meow meow!” Mrrr. Mrrrr-meow. Meow, meow.

Mrrrr-meow. Meow mrrr meeeow. Meow mrrr-meow. Mrrr… meeeow. “Meow? Meeeow.” Mrrr. Meow, meow. Mrrrr-meow. “Meow meow!” Meow meeeow. Meow mrrr meeeow.

Meow meow meeeow. Mrrrr-meow. “Meow? Meeeow.” Meow. Mrrr… meeeow. Meow mrrr-meow.

“MEOOOW!” Mrrr. “MEOOOW!” Meow. Meow mrrr-meow. Meow mrrr meeeow. “Meow? Meeeow.” Mrrr. Mrrr… meeeow. “Meow meow!” Mrrr.

“Meow meow!” Mrrr. Mrrr… meeeow. Meow mrrr meeeow. Meow, meow. “Meow meow!” Meow meeeow.

“Meow? Meeeow.” Mrrr. Meow meow meeeow. “Meow meow!” Meow meeeow. Mrrrr-meow. Meow mrrr-meow. “Meow? Meeeow.” Meow. Mrrrr-meow.

Printed in Great Britain
by Amazon

53802394R00061